GÉNÉRAL LEGRAND-GIRARDE

OPÉRATIONS DU 21ᵉ CORPS D'ARMÉE

(1ᵉʳ AOUT-13 SEPTEMBRE 1914)

Avec six cartes

PARIS

LIBRAIRIE PLON

PLON-NOURRIT ET Cⁱᵉ, IMPRIMEURS-ÉDITEURS

8, RUE GARANCIÈRE-6ᵉ

OPÉRATIONS

DU

21ᵉ CORPS D'ARMÉE

Ce volume a été déposé au ministère de l'intérieur en 1922.

GÉNÉRAL LEGRAND-GIRARDE

OPÉRATIONS DU 21ᵉ CORPS D'ARMÉE

(1ᵉʳ AOUT-13 SEPTEMBRE 1914)

Ouvrage accompagné de six cartes

PARIS

LIBRAIRIE PLON

PLON-NOURRIT ᴇᴛ Cⁱᵉ, IMPRIMEURS-ÉDITEURS

8, ʀᴜᴇ GARANCIÈRE - 6ᵉ

ABRÉVIATIONS

C. A.	Corps d'armée.
D. I.	Division d'infanterie.
D. C.	Division de cavalerie.
R. I.	Régiment d'infanterie.
C. P.	Chasseurs à pied.
A. D.	Artillerie divisionnaire.
A. C.	Artillerie de corps.
E. N. E.	Éléments non endivisionnés.
Q. G.	Quartier général.
G. Q. G.	Grand quartier général des armées.
G. H. Q.	Gross Haupt Quartier.
P. C.	Poste de commandement.

INTRODUCTION

Le travail qu'on va lire est ma contribution personnelle à l'histoire de la Grande Guerre. Elle est modeste comme l'est la part que j'ai prise aux événements. On jugera sans doute que j'avais le devoir de produire mon témoignage puisque j'ai exercé un commandement d'une certaine importance. Sa valeur résultera de son exactitude qu'on pourra contrôler par les faits et par les documents que je reproduis. J'espère qu'on m'accordera d'avoir été aussi impartial que peut l'être un homme intéressé à l'objet de son récit.

J'ai collaboré, comme sous-chef d'état-major de l'Armée, à la création du 21ᵉ corps d'armée en 1913 ; j'ai pris le commandement de ce corps, à Épinal, le 15 janvier 1914 lors de sa constitution et j'ai eu à l'organiser. Sous mes ordres, il a rempli sa mission de couverture dès le 31 juillet dans le secteur des Vosges et il a pris place dans la 1ʳᵉ armée. J'ai eu la joie profonde de franchir avec lui la frontière et de diriger ses opérations victorieuses, dans la vallée de la Bruche où il a conquis le premier drapeau sur les Allemands. Avec lui j'ai pris part à la bataille de Sarrebourg, aux luttes sur la Meurthe et en avant de Rambervillers jusqu'au 2 septembre 1914. Transporté en Champagne à cette époque, c'est encore sous mes ordres que le 21ᵉ corps est entré dans la 4ᵉ armée à la bataille de la Marne et a contribué au succès de nos armes; c'est au moment où la poursuite de l'ennemi s'est heurtée devant Souain à une résistance qui devait durer quatre ans, que, le 13 septembre 1914, j'ai dû en céder le commandement.

C'est à l'histoire de ces opérations que se rapporte le présent ouvrage. Il a pour éléments un premier travail que j'ai établi dès septembre 1914, pour fixer des souvenirs alors très présents à mon esprit et que j'ai pu contrôler et rectifier depuis lors à l'aide des ordres signés de moi, ainsi que des témoignages de mes collaborateurs. Je dois une mention spéciale à celui du général Pillot : chef aussi dévoué qu'énergique et clairvoyant au combat. J'ai pu disposer des notes de guerre du lieutenant Cartier-Bresson du 62ᵉ régiment d'artillerie, grâce à l'obligeance de sa famille; elles ont utilement éclairé plusieurs points de détail.

Les opérations de la 1ʳᵉ armée ont fait l'objet d'un exposé d'ensemble d'une haute importance de la part du général Dubail, commandant de cette armée (Quatre Années de commandement, 1ᵉʳ vol., 1920). Je serai amené à discuter quelques points du récit de mon ancien chef; je le ferai avec toute la déférence que je dois à ce dernier. Je n'ai pu trouver encore d'ouvrage allemand donnant des renseignements sur les opérations des forces ennemies sur cette partie du front.

Toutefois, des indications précises et sans doute exactes sur les unités ayant combattu dans les Vosges et en Lorraine peuvent être tirées de l'ouvrage officiel allemand : Die Schlachten und Gefechte des grossen Kriegs (1914-1918). Quellenwerk nach den amtlichen Bezeichnungen zusammengestellt vom Grossen Generalstab (*Berlin, Hermann Sack, 1919*). *Ce volume indique les unités ayant pris part à chacun des engagements, il ne contient d'ailleurs aucun texte explicatif, c'est une simple énumération* (1).

Au contraire, pour la participation du 21ᵉ C. A. à la bataille de la Marne, j'ai pu consulter avec fruit le livre du général Baumgarten-Crusius : Die Marneschlacht ; *ainsi que celui du général von Hausen :* Erinnerungen an der Marnefeldzug, 1914. *J'ai puisé dans tous les deux des indications utiles. Je me suis efforcé de les mettre au point, de rectifier les inexactitudes qu'ils peuvent contenir et d'interpréter les conclusions de leurs auteurs en les comparant à celles d'autres écrivains militaires allemands.*

Il est possible que, malgré les éclaircissements

____

(1) Les références à cet ouvrage seront ainsi indiquées : Schlachten und Gefechte (S. u. G.).

apportés par ces divers documents, je sois incomplètement ou inexactement renseigné sur certaines parties. Si je commets ainsi quelque erreur ou omission, je m'en excuse par avance, mais je puis, en toute conscience, affirmer qu'elle n'aura pas été volontaire.

N'ayant rien à redouter de l'examen approfondi de ma conduite, je n'ai rien à cacher; mon plus ardent désir est que la vérité apparaisse tout entière.

J'ai volontairement éliminé de mon travail tous les développements relatifs aux opérations d'ensemble des armées. Je ne me dissimule pas qu'en agissant ainsi, j'en diminue l'intérêt et que je rends plus malaisé au lecteur la liaison à établir avec ces opérations. Mais mon but est d'apporter un témoignage aussi rigoureusement exact que possible et je ne puis certifier l'exactitude que de ce que j'ai vu, fait ou ordonné. Mon champ d'action a été celui du 21ᵉ C. A., rien de plus; c'est à ses limites que j'ai fixé mon exposé.

LES OPÉRATIONS

DU

21ᴱ CORPS D'ARMÉE

DU 1ᵉʳ AOUT AU 13 SEPTEMBRE 1914

I

CRÉATION DU 21ᵉ CORPS D'ARMÉE

Lorsque, en 1912, la menace allemande prit une intensité si évidente qu'elle commandait impérieusement chez nous des mesures de défense immédiate, on eut la préoccupation dominante à l'état-major de l'Armée de renforcer notre couverture. Insuffisante en tout temps pour arrêter à elle seule le choc des masses que les Allemands avaient accumulées à la frontière, cette couverture devenait illusoire depuis le vote de la loi de 1905, ramenant à deux ans la durée du service, pendant la période qui, chaque année, sépare le renvoi de la classe de la date à laquelle la classe nouvelle est mobilisable. Les unités squelettes dont nous disposions alors ne nous donnaient aucune sécurité et l'ennemi n'ignorait rien de cette situation. Dès la fin de 1912, M. Millerand, ministre de la Guerre, s'était préoccupé de ce danger et avait donné des instructions à ses services pour qu'on s'efforçât d'y parer. Peut-être eût-on pu y arriver par le développement de notre matériel technique et la recherche des perfectionnements à apporter à notre armement. J'avais personnellement suggéré cette solution au ministre, il en avait compris l'importance et en avait accueilli l'idée avec intérêt, mais elle se heurtait malheureusement à une double difficulté : le temps nécessaire à sa réalisation, la dépense qu'elle entraînait. Cette dernière considération prenait une importance particulière du fait des exigences budgétaires, elle suffit à déterminer le chef d'état-major de l'armée à écarter mon projet. Le général Joffre, lorsque je le lui soumis, me répondit que son effort était alors concentré sur la création des camps d'instruction qui absorbait la totalité des ressources que le Parlement pouvait accorder ; il ne pouvait donc être question de demander de nouveaux sacrifices pour développer un matériel technique n'existant encore qu'à l'état de projet.

Je ne pus que m'incliner, tout en regrettant de ne pouvoir réaliser une conception longuement méditée et vers laquelle je m'étais efforcé de diriger l'esprit des officiers sous mes ordres lorsque je commandais le 5ᵉ régiment du génie.

Je reconnais d'ailleurs que si mon projet avait été accueilli, il n'aurait pu, en temps de paix, procurer l'accroissement immédiat de forces qui nous était indispensable. C'est seulement sous la pression urgente des dures nécessités de la guerre qu'on a pu réaliser presque journellement, à la demande des événements, les progrès techniques qui ont contribué à la victoire (1).

La seule solution capable de donner à nos forces de couverture l'accroissement immédiat indispensable à notre sécurité ne pouvait être obtenue que par l'augmentation des effectifs. Pour réaliser celle-ci, on tenta tous les moyens de fortune, on s'efforça de rogner sur les non-valeurs : employés de toute sorte dont la réduction même de la durée du service avait contribué à accroître le nombre, puisque chacun d'eux conservait moins longtemps son emploi. Là encore, on aurait pu opérer plus hardiment en introduisant

(1) Cette recherche constante du progrès de l'armement et de l'outillage ainsi que des mesures capables de le réaliser rapidement au moment du danger devrait être à présent un des soucis principaux du ministre de la Guerre. Elle contribuerait à permettre une réduction sensible du nombre d'hommes présents sous les drapeaux et par conséquent un allègement des charges du pays. Elle ferait disparaître de la politique extérieure les difficultés inhérentes à l'existence en France d'une armée à effectifs très supérieurs à ceux des autres puissances européennes. On ne peut que regretter la disparition des organismes d'études et de recherches improvisés si heureusement pendant la guerre et dont l'existence permettrait de maintenir, relativement à peu de frais, notre supériorité militaire.

dans nos services la main-d'œuvre civile et le concours des femmes.

Mais il faut reconnaître que les esprits n'étaient pas préparés à cette transformation des services militaires, on se souvenait trop du mot fameux d'un ministre de la Guerre de 1882 qui excluait la femme de la caserne. Eût-on su vaincre les résistances qui subsistaient encore dans beaucoup de cerveaux qu'on se serait heurté à l'invincible obstacle du surcroît de dépenses qu'aurait entraîné pareille transformation. Et ici que chacun fasse son *mea culpa* : Parlement, ministre des Finances, ministre de la Guerre, services dépendant de ce dernier. Si l'un d'entre eux avait suggéré d'augmenter dans une pareille proportion les dépenses de la guerre, il aurait succombé sans tarder sous le poids des protestations des autres. Tous ceux qui, de près ou de loin, ont participé à l'élaboration du budget ont gardé le souvenir des résistances qu'ils ont éprouvées pour réaliser la plus petite augmentation de dépense. Cette résistance est d'ailleurs absolument justifiée par le souci de ménager les deniers publics qui sont l'une des puissances défensives du pays. La difficulté consiste précisément à discerner les dépenses vraiment susceptibles de rendement et d'accepter les sacrifices indispensables, elle exige beaucoup de jugement de la part de tous ceux qui ont à préparer ou à prendre les décisions ; aucun d'eux ne doit rejeter sur les autres la responsabilité des conséquences ; les clairvoyants, s'il en fut, ayant manqué de la conviction qui entraîne les timides.

Donc, à la fin de 1912, sous la pression du danger, on fut amené à proposer, puis à faire accepter en 1913 par le gouvernement et par les Chambres, l'augmentation de durée du service qui seule réalisait immédiatement le renforcement de l'armée et en particulier des forces de couverture.

Parallèlement à ce travail, l'état-major en préparait un autre consistant à augmenter le nombre des corps d'armée frontière, c'est-à-dire des unités chargées d'assurer la couverture. Au lendemain de la guerre de 1870, un seul corps d'armée, le 6ᵉ avait d'abord reçu la totalité de cette mission ; il l'avait partagée ensuite avec le 20ᵉ et le 7ᵉ ; on y appela deux corps nouveaux : l'un, le 2ᵉ, à l'extrême nord, par un remaniement de territoire, l'autre, le 21ᵉ, s'intercalant entre le 20ᵉ et le 7ᵉ, constitué partiellement avec des unités empruntées à ces deux derniers, complété par d'autres de création nouvelle ou tirées de la frontière des Alpes. De plus, toutes les troupes des corps de couverture, y compris celles affectées à la garnison des forteresses, qui jusqu'alors avaient été particulièrement mal dotées, furent portées à des effectifs tels que par le seul renfort des réservistes locaux elles pussent atteindre le complet de guerre.

Tel est le résumé des efforts accomplis en 1913 à l'état-major de l'Armée dans l'organisation des forces pour donner à notre couverture la résistance capable de briser une attaque brusquée. J'ai la conviction que ces mesures ont obligé les Allemands à renoncer à une attaque de ce genre sur notre frontière de l'Est et les ont décidés à porter leur effort principal sur leur droite, de manière à déborder par le nord l'ensemble de notre dispositif de concentration. Si cette affirmation paraît un peu hardie à quelques-uns, j'invoquerai la déclaration du général von Tappen qui occupait, au G. H. Q. allemand, l'emploi de chef du bureau des opérations. Dans un article dont la traduction a paru en France (1), il indique que les premiers plans du général von Schlieffen qui ont servi de guide au grand état-major allemand prévoyaient seulement la progression de l'aile droite au sud et le long de la Meuse. Au contraire, ceux élaborés à la fin de 1913 pour l'année 1914-15, en poursuivant le développement de la même idée, comportaient la constitution de deux armées comprenant au total douze corps qui devaient avancer en Belgique au nord de la Meuse. On affectait à cette partie du dispositif allemand le maximum de forces disponibles. Ce changement a été opéré à l'époque même où les dispositions prises par nous grâce au vote de la loi de trois ans renfor-

----

(1) *Les Archives de la Grande Guerre* (janvier 1921), « Jusqu'à la Marne, 1914 », par le général V. TAPPEN.

çaient notre couverture dans les conditions que j'ai indiquées. Si la relation de cause à effet entre ces deux événements n'est pas spécifiée par von Tappen, il est permis tout au moins de la déduire de leur coïncidence. Or, c'est cette violation formelle de la neutralité belge qui a dévoilé au monde entier l'ambition audacieuse des Allemands, le danger de leur hégémonie et a décidé des nations qui sans cela seraient peut-être restées neutres à se ranger à nos côtés pour la défense du droit.

Les adversaires politiques de la loi qui augmentait la durée du service militaire ont contesté l'efficacité des mesures prises pour le renforcement de la couverture. Leur argument principal est que le nombre d'unités combattantes placées à la frontière n'a été que médiocrement augmenté et que cette mesure était réalisable avant comme après l'application de la loi de trois ans. Ils ne sauraient contester cependant que l'effectif de ces unités a été notablement accru, doublé même pour certaines d'entre elles et maintenu toute l'année à un chiffre tel qu'elles restaient toujours en mesure d'assurer leur mission. Au lieu d'unités squelettes, on disposait en tout temps de forces capables de soutenir la lutte. En outre, la répartition de la frontière entre cinq corps d'armée au lieu de trois réduisait l'étendue du secteur affecté à chacun d'eux et par suite facilitait l'exécution de la mission qui leur incombait. Ayant pendant six ans commandé une brigade, puis une division dans le secteur des Vosges qui échut ensuite à mon corps d'armée, je suis en mesure d'apprécier autant que personne l'importance du renforcement qui résultait de la réduction du front des secteurs.

Le 21ᵉ corps d'armée comprenait :

1º La 13ᵉ division, Q. G. Chaumont, prélevée sur le 7ᵉ corps (qui en comptait trois), l'une de ses brigades, la 25ᵉ, fut portée à Rambervillers et constituée par le 17ᵉ régiment d'infanterie, venu de Gap, et trois bataillons de chasseurs à pied, les 17ᵉ, 20ᵉ, 21ᵉ, pris au 20ᵉ corps ;

2º La 43ᵉ division, Q. G. Saint-Dié, de création nouvelle : l'une des brigades, la 85ᵉ, formée des 149ᵉ et 158ᵉ régiments d'infanterie, ce dernier venu de la 14ᵉ région ; l'autre, la 86ᵉ, constituée par quatre bataillons de chasseurs, 1ᵉʳ, 3ᵉ, 10ᵉ, 31ᵉ, dont deux étaient pris au 7ᵉ corps et un de création nouvelle.

Les régiments d'artillerie étaient l'un le 12ᵉ pris à Vincennes et amené à Bruyères, les deux autres 59ᵉ (Chaumont), 62ᵉ (Épinal) de création nouvelle.

Le régiment de cavalerie, 4ᵉ chasseurs, était pris au 7ᵉ corps, à Épinal même.

Le génie comprenait un régiment de nouvelle création, à Épinal.

La détermination du territoire constitutif de la 21ᵉ région avait été quelque peu laborieuse en vue d'éviter les remaniements de subdivision trop compliqués et la région affectait la forme de deux triangles opposés par le sommet, disposition qui n'était certes pas sans inconvénient.

L'installation des unités nouvelles ou nouvellement appelées dans la région, l'accroissement d'effectif de tous les corps avait exigé un effort considérable de la part du service du génie. Les travaux furent poussés avec une activité exceptionnelle sous l'impulsion puissante du général Chevalier, directeur du génie au ministère, dont on ne saura jamais assez louer l'initiative et la décision. Sans doute ces casernements étaient loin de l'achèvement lorsque les troupes vinrent les occuper à la fin de 1913, mais ils étaient habitables et réalisaient un progrès important sur les anciens types de casernes. Seul le 59ᵉ d'artillerie à Chaumont n'avait pas encore de quartier ; une partie de ses unités était provisoirement au camp de Mailly lors de la déclaration de guerre.

La mise au point d'une création nouvelle ne peut être obtenue qu'après un effort soutenu et de certaine durée, il n'est donc pas surprenant que celle du 21ᵉ corps d'armée ne fût pas achevée en juillet 1914. La plus importante des lacunes était l'organisation des services hospitaliers pour lesquels on ne disposait d'aucun matériel d'ambulance ; j'ignore si la direction du service de santé au ministère avait demandé les crédits nécessaires ou s'ils lui avaient été refusés, mais le matériel n'avait pu être établi. Cette lacune me préoccupait vivement et je ne manquai pas de la signaler au ministre lorsque nous entrâmes dans la période de tension à la fin de juillet 1914. On réussit à constituer les formations prévues au nouveau règlement sur le service de santé soit par prélèvement sur les ressources existantes soit par celles que donna la réquisition. En fait, le 21ᵉ corps n'eut pas trop à souffrir du manque de matériel ou de personnel sanitaire.

Les éléments entrant dans la composition du corps d'armée étaient, en général, excellents et bien entraînés, sauf de rares exceptions ; mais provenant de régions différentes, ils avaient besoin de prendre contact entre eux et d'acquérir l'unité de vues et la coordination des efforts seules capables de donner au corps d'armée nouveau sa personnalité et sa cohésion. C'est à la réalisation de ce résultat que je m'appliquai de toutes mes forces en inspectant sur le terrain les divers corps de troupes, en assistant le plus souvent possible à leurs manœuvres et exercices divers. J'ai conscience d'avoir déployé l'activité nécessaire et d'être parvenu à ce double résultat : connaître d'une part mon personnel, lui faire connaître, de l'autre, ma pensée. Il m'a paru que mes efforts n'ont pas été stériles.

L'apparition du nouveau règlement de 1914 sur les manœuvres d'infanterie orientait les esprits vers l'offensive à outrance ; il nous a été aussi

funeste au début de la guerre que l'avait été
en 1870, pour des raisons inverses, le règlement
de 1869 qui préconisait prématurément l'emploi
de la défensive et des retranchements. Je crois
que le souvenir de cette cause de nos défaites
anciennes a pesé si lourdement dans la balance
qu'il nous a entraînés vers l'excès contraire. Sans
doute, l'esprit d'offensive est à la source même
de tout succès à la guerre, mais s'il doit toujours
inspirer un chef, il est indispensable d'en soumettre l'application aux conditions de lutte imposées par l'armement. Or, il était évident que la
puissance destructive de ce dernier avait crû dans
de telles proportions qu'elle interdisait l'assaut
avant une sérieuse préparation par l'artillerie de
tous calibres et excluait les formations compactes.
Nous n'étions pas assez pénétrés de cette nécessité ; trop souvent au cours des manœuvres où la
préparation de l'action de vigueur ne peut être
que simulée sommairement, les troupes adop-
taient des formations de combat inadmissibles.
J'ai encore présente à l'esprit certaine manœuvre
de garnison où l'exagération de ce défaut prit
une telle proportion que je dus blâmer formellement le chef qui en était l'auteur. J'étais si con-
vaincu que de pareils errements nous coûteraient
non seulement de lourdes pertes, mais encore le
succès, que je donnai à ma critique une forme
très vive. J'ai su que je causais ainsi une amertume
réelle à un brave et estimable officier qui a, je

crois, succombé glorieusement au cours de la guerre, je demande pardon à sa mémoire du chagrin qu'il a ressenti alors, mais il a dû reconnaître que mes observations étaient justifiées.

D'une manière générale, j'ai été très bien secondé dans mon commandement et j'ai eu à me louer de la plupart de mes subordonnés ; je veux oublier les défaillances exceptionnelles qui se sont produites et ignorer si d'autres fautes plus graves ont été commises à mon égard. Je tiens à rendre hommage aux officiers généraux et chefs de corps qui m'ont donné des preuves de leur dévouement ou qui ont trouvé la mort des braves. Je salue la mémoire du général Barbade, des colonels Griache, Hamon, Aubry, Houssement ; des commandants de bataillon de chasseurs Reneaud, Eveno et Hennequin que j'ai eu la douleur de voir succomber après avoir admiré si souvent leur vaillance et leurs capacités.

II

DÉPART EN COUVERTURE
OPÉRATIONS SUR LA FRONTIÈRE
(31 *juillet*-10 *août*.)

Il peut paraître singulier que l'exposé ci-dessus
de la création du 21e corps ne contienne aucune
allusion à la mission qui pouvait incomber à ce
dernier tant en couverture qu'en cas de guerre.
Nulle obligation de service ne m'impose aujour-
d'hui ce silence puisqu'il s'agit de faits désormais
acquis à l'histoire, mais la vérité, si étrange
qu'elle soit, est que : sous-chef d'état-major de
l'armée, j'étais dans l'ignorance complète de toutes
les mesures relatives à l'emploi des forces à l'organisation desquelles je consacrais mon activité.
Bien que convoqué chaque jour, avec le premier
sous-chef, au rapport du chef d'état-major, réunion qui devait assurer entre nous l'unité de
vues et la coordination des efforts, je n'ai jamais
été appelé à connaître ni le plan de concentration ni l'ensemble des mesures de couverture.
Lorsque les affaires rapportées par mon éminent
collègue, le général de Castelnau, avaient trait

à ces questions, éventualité d'ailleurs très rare, le chef d'état-major s'en réservait seul l'examen et n'y faisait devant moi que de discrètes allusions, marquant ainsi sa volonté de me tenir en dehors de cette partie de ses préoccupations. En arrivant à Épinal, je ne savais donc sur le rôle du 21ᵉ corps rien de plus que le contenu du « pli blanc » qui fixait la mission dévolue à l'unité qu'il concerne. Il est aisé de deviner que dans le secteur des Vosges compris entre le col du Bonhomme, à droite, et la voie ferrée de Nancy à Strasbourg, à gauche, le rôle de la couverture ne pouvait être que strictement défensif, sur place, puisque la zone frontière est elle-même propre à la défense. J'avais eu déjà, comme commandant de la 41ᵉ division d'infanterie à Remiremont, à occuper éventuellement le même secteur avec moins de forces ; je n'éprouvais donc aucune difficulté à me préparer à la même tâche avec des moyens plus puissants. Je me reliais à droite avec le 7ᵉ corps commandé par le général Bonneau, mon ancien chef, avec qui j'étais en parfaite communion d'idées ; à gauche, avec le 20ᵉ corps, alors aux ordres du général Foch. Je me rendis à Nancy, où je trouvai excellent accueil et il fut aisé de réaliser la coordination des vues avec mon voisin de gauche ; cette coordination était d'autant plus nécessaire que les deux corps d'armée se touchaient dans la région d'Avricourt où l'on pouvait s'attendre à une irruption immédiate de l'ennemi en cas de guerre.

Dans toute la zone vosgienne dont j'avais parcouru le moindre sentier au cours de mes séjours antérieurs, nous avions toujours estimé que la défense doit être active et faire appel bien plus au mouvement qu'à la lutte passive sur des positions choisies et préparées. La facilité avec laquelle les troupes circulent sur ce terrain aux formes arrondies rend malaisé l'établissement de positions de barrage fortifiées et permet d'espérer le succès par la manœuvre. Dans ce but, on prévoyait des postes de surveillance à la frontière même, des groupes de manœuvre aux carrefours importants et, pour relier les uns et les autres, un réseau de communications optiques et électriques d'autant plus aisé à établir que la région vosgienne possède de nombreux établissements dotés de postes téléphoniques.

C'est ainsi que tous les chefs sous les ordres desquels j'avais servi dans les Vosges concevaient la défense de la région, c'est ainsi qu'elle m'apparaissait à moi-même et l'orientation vers l'offensive que le règlement de 1914 donnait à nos esprits n'était pas faite pour modifier mon sentiment. J'avais un corps d'armée entier pour défendre une région que précédemment je devais garder avec une division, j'étais bien résolu à ne pas m'accrocher à la fortification et j'attendais de pied ferme l'envahisseur pour l'attaquer à mon tour.

Les dispositions prévues pour la couverture par

les instructions rédigées à l'état-major de l'armée étaient muettes sur l'emploi de la fortification, celle-ci n'était pas en faveur en 1914. Aurais-je dû réagir contre cette tendance et me rappeler pour les mettre en pratique les principes que, comme officier du génie, j'avais eu à professer au cours de ma carrière. Je pourrais me retrancher à mon tour derrière les prescriptions ministérielles qui, en fait, me couvriraient complètement dans cette circonstance. Je préfère avouer sans ambage avoir partagé les errements du jour ; j'avais si pleine confiance dans la valeur et la solidité des magnifiques troupes que je commandais, ma foi en l'offensive était si bien établie que j'aurais cru commettre une lourde faute en immobilisant *a priori* derrière des retranchements ces bataillons de chasseurs et ces régiments vosgiens rivalisant d'entrain avec eux. Et cependant, après l'expérience de la guerre, ma conception serait autre aujourd'hui ; quel que soit le rôle assigné aux forces françaises des Vosges, que cette partie du front soit réservée à la défensive ou à l'offensive, il serait possible d'y faire entrer largement (mais de manières différentes dans l'une ou l'autre éventualité) le secours à demander à la fortification. On ne manquerait pas de prévoir les positions de batterie, d'aménager celles-ci, d'organiser le repérage du terrain de part et d'autre de la frontière, de préparer des centres de résistance.

Mais pour réaliser tout cela il faudrait d'abord que le haut commandement assignât aux forces de couverture une mission précise et connue des futurs exécutants (tout au moins du commandement local). Il faudrait de plus un matériel très varié qui nous faisait totalement défaut en 1914. Et c'est ici qu'on peut regretter la lenteur apportée chez nous à perfectionner notre outillage militaire et à le tenir à hauteur des progrès industriels et scientifiques.

L'absence complète de tous travaux de défense dans le secteur des Vosges n'a pas eu cependant de sérieux inconvénients pendant la période de couverture, mais elle s'est fait sentir au moment où la 1re armée, après son insuccès sur la Sarre, s'est retirée sur la Meurthe. Nous aurions eu alors tout avantage à nous appuyer à des lignes fortifiées sur la rive droite de la rivière, nous ne les avons pas organisées faute d'un matériel suffisant et aussi parce que nous avions à vaincre l'instinctive répugnance du troupier à remuer la terre.

Les prévisions de couverture prévoyaient l'utilisation en première ligne, principalement pour le service de reconnaissance et la transmission des renseignements, des postes de douaniers et de chasseurs forestiers groupés à cet effet en unités militaires sous les ordres de leurs chefs du temps de paix. J'espérais beaucoup du concours de ce personnel qui semblait *a priori* tout préparé à sa mission. Je n'ai pu procéder moi-même à la constatation des résultats obtenus, mais je dois dire que, dans les comptes rendus des chefs militaires appelés à les apprécier, on a regretté l'insuffisance des renseignements obtenus et la tendance manifestée à s'exagérer l'importance de la menace ennemie. Il ne s'agit nullement ici d'incriminer des hommes et des cadres qui, par la suite, ont donné des preuves de valeur indiscutable, mais de constater le défaut de préparation de ce personnel à son rôle éventuel en cas de guerre. Il va de soi que les douaniers et forestiers de la frontière doivent se préoccuper d'abord de leurs fonctions du temps de paix, mais il serait indispensable de tenir plus de compte, dans le dressage du personnel, des services que le pays est en droit d'attendre de lui pour coopérer à sa défense.

Il est utile, je crois, de signaler nos erreurs, de montrer comment elles peuvent naître lorsqu'on se laisse séduire par le mirage d'idées vers lesquelles nous porte notre tendance nationale.

Le 26 juillet avait lieu à Senones l'inauguration d'un tronçon de voie ferrée en présence du ministre de l'Agriculture ; je me rendis à cette cérémonie, afin de saluer le représentant du gouvernement. J'avais toutefois des préoccupations d'un autre ordre et j'avais hâte de regagner mon Q. G. où je m'attendais à recevoir des instructions importantes.

La tension politique s'accentua à partir du

lundi 27 et progressivement nous dûmes prendre
toutes les mesures de précaution compatibles
avec l'état de paix. Le ministre de la Guerre nous
y invitait par ses avertissements successifs : il
se fit rendre compte de l'exécution de ses ordres
en envoyant sur place de hautes personnalités
militaires investies de sa confiance. Le général
Gaudin, que ses services et ses capacités dési-
gnaient pour une pareille mission, vint me voir
et s'enquérir des dispositions prises et des besoins
à satisfaire ; son passage n'a peut-être pas été
sans influence sur la rapidité avec laquelle fut
comblée la lacune des services hospitaliers du
corps d'armée : grâce à lui aussi, sans doute,
fut réexpédié sans retard le matériel de siège
qu'on commençait à réunir dans la région de
Bains-les-Bains en vue d'une manœuvre contre
la place d'Épinal.

Le 31 juillet, dans l'après-midi, je fus appelé
au téléphone par M. Messimy qui m'annonça
l'envoi à bref délai du télégramme de couverture et m'avisa en même temps que, pour des
raisons d'ordre diplomatique, afin de donner toute
assurance à nos amis anglais que nous ne serions
pas les premiers à franchir la frontière, nos éléments les plus avancés seraient tenus à 10 kilomètres en arrière de celle-ci.

Cet ordre bouleversait toutes les dispositions
que nous avions prévues et nous gênait considérablement ; il eût apporté de bien plus grandes

perturbations encore dans nos prévisions si celles-ci avaient comporté des ouvrages de fortification. Je reconnais que le gouvernement français agit sagement en ordonnant ce retrait de notre couverture, puisque, en donnant au monde entier la preuve tangible de nos dispositions pacifiques, il n'a pas peu contribué à nous assurer le concours de nos alliés. Toutefois cette mesure apportait du trouble dans l'installation de la couverture ; il nous fallait notamment abandonner le casernement de Fraize, occupé par un bataillon du 158ᵉ.

Il peut n'être pas inutile d'affirmer ici de la manière la plus catégorique que l'ordre du gouvernement a été observé scrupuleusement dans toute l'étendue du secteur des Vosges que je commandais. Contrairement aux assertions mensongères des Allemands, aucune troupe ou détachement quelconque de chez nous, non seulement n'a franchi la frontière, mais ne s'en est approché au delà des limites qui nous furent imposées (1).

Les ordres furent rapidement transmis et dès

---

(1) On sait que notre correction n'a pas été imitée par l'ennemi qui a commis, dès le 1ᵉʳ août, de nombreuses violations de territoire. On en trouvera le récit dans l'ouvrage *le Mensonge du 3 août* 1914 (Paris, 1917, Payot). Sur le front du secteur du 21ᵉ corps, la principale eut lieu le 2 août aux environs de Wissembach ; une autre dans la région de Ciroy a été signalée le même jour. Cf. *op. cit.*, p. 328-330. Bien que ces incidents n'aient pas eu de conséquences sur la suite des opérations, il est bon d'en rappeler le souvenir car ils constituent autant de preuves de la responsabilité des Allemands.

le 31 juillet à 11 heures et demie du soir le premier échelon du Q. G. mobilisé partait pour Ramber-villers où il arrivait dans la nuit ; le dispositif de couverture était réalisé dans la matinée du 1er août, la ligne de couverture passant par Fraize, Neuvillers-sur-Fave, le Ban-de-Sapt, Senones, Celles, Badonviller, Montigny. Les gros installés à Corcieux, Saint-Dié, Baccarat et Ram-bervillers.

Le 21e corps devait être renforcé dans son sec-teur par la 6e D. C. qui débarqua le 2 août au matin et fut dirigée sur Azerailles où, prenant sous ses ordres le 4e groupe de couverture, elle assu-rait la liaison avec le 20e C. A. Les deux divisions du C. A. se partageaient le secteur : la 43e, à droite, du Valtin à Raon-l'Étape ; la 13e, à gauche, de ce dernier point à Flin.

Le 3 août était levée l'interdiction de se rappro-cher de la frontière à moins de 10 kilomètres, mais nous ne pouvions la franchir encore.

Fallait-il à ce moment substituer au dispositif de couverture imposé par la zone d'interdiction celui qui avait été prévu en temps de paix? J'ai indiqué déjà que le fonctionnement de la cou-verture dépendait des liaisons télégraphiques établies entre la ligne de surveillance et les gros. Modifier les dispositions imposées conduisait à une suppression temporaire de la plupart des liaisons. En outre, nous savions que les Alle-mands avaient occupé les cols et s'y étaient fortement retranchés ; nous nous serions donc heurtés à l'ennemi sur tout notre front en un moment où nous étions seuls encore dans le secteur. La mission des troupes de couverture étant nettement défensive, je jugeai préférable de conserver le dispositif imposé et de me borner à ordonner des coups de sonde sur les cols frontière afin de reconnaître les forces ennemies.

L'expectative me paraissait d'autant plus indiquée le 5 août que l'on me signalait la présence d'une division ennemie dans la vallée de la Bruche. A cette date, je reçus du général en chef un télégramme prescrivant de donner toute leur ampleur aux opérations des troupes de couverture. Mon premier mouvement fut d'ordonner l'occupation des cols des Vosges : du Bonhomme à Saales, par la 43ᵉ division, mais en raison des renseignements qui m'arrivèrent sur l'ennemi, je fis surseoir à l'exécution de cet ordre et me bornai à porter la réserve du corps d'armée (26ᵉ brigade et 2 groupes A. C.) sur Saint-Dié.

Si j'avais attaqué à la fois vers l'est (cols du Bonhomme et Sainte-Marie) et vers le nord (col de Saales) alors qu'aucun élément de la 1ʳᵉ armée n'était encore en état de me soutenir et qu'on me signalait des rassemblements ennemis importants dans la vallée de la Bruche, je risquais de me trouver engagé dans des actions divergentes sans disposer de réserves suffisantes pour les appuyer efficacement.

Si l'ennemi restait sur la défensive, ainsi que semblait l'indiquer l'activité qu'il apportait à se fortifier sur les cols, il y avait peu d'inconvénients à retarder l'attaque.

Si, au contraire, il attaquait, mieux valait garder mes forces groupées en un point central pour me porter au-devant de lui dans la direction qu'il aurait prise lui-même.

Il n'en restait pas moins que le retrait imposé aux troupes de couverture avait permis aux Allemands de se fortifier solidement sur la frontière, alors que nous-mêmes n'avions rien pu faire ; nous devions nécessairement trouver plus de difficultés à vaincre au moment où nous voudrions nous porter en avant.

Le 6 août, le général Dubail prenait le commandement de la 1re armée, il me donna rendez-vous dans l'après-midi sur la route de Rambervillers à Épinal. Je lui rendis compte de ce que j'avais fait ; il m'invita à entreprendre successivement l'attaque des cols, en commençant par ceux de droite. Il me marqua son intention de faire relever le 21e C. A. aux cols du Bonhomme et de Sainte-Marie par le 14e C. A. dès que celui-ci aurait débarqué des forces suffisantes. Cette éventualité devant être réalisée le 9 août, je fixai à la veille, 8 août, l'attaque des cols en question, la 43e division devant en être chargée. Je me couvrais simplement vers le nord sans engager d'action de ce côté, me réservant de la déclancher au moment où, relevé par le 14ᵉ C. A., je pourrais grouper de nouveau mes forces pour agir dans cette direction (1).

Il me sera permis de signaler, en passant, la difficulté supplémentaire qu'on imposait au 21ᵉ C. A. en lui donnant mission d'enlever des cols pour les céder à un autre C. A. Il était à

(1)   Q. G. de Rambervillers, 8 août 1914, 9 h. 30.

ORDRE GÉNÉRAL D'OPÉRATIONS Nº 3

1º Le 7ᵉ corps d'armée a atteint hier soir 7 août le front Cernay, Altkirch, en Haute-Alsace.

Le 21ᵉ C. A. reçoit l'ordre d'enlever aujourd'hui 8 août les cols du Bonhomme et de Sainte-Marie, en se bornant à couvrir vers le nord sa manœuvre sans engager d'action de ce côté.

Il doit être relevé demain 9 août, aux cols du Bonhomme et de Sainte-Marie, par le 14ᵉ corps, de façon à pouvoir reporter toutes ses forces pour une action générale vers le nord.

La 43ᵉ division chargée de l'offensive vers l'est sur le front Bonhomme-Sainte-Marie disposera de toutes ses forces et de deux groupes A. C. 21 (Saulcy).

Réserve du 21ᵉ C. A. : 26ᵉ brigade et deux groupes A. C. 21 à Saint-Dié, Robache.

2º La 13ᵉ division et la 6ᵉ D. C. se maintiendront solidement sur leurs emplacements actuels en se reliant avec la 43ᵉ division, à droite.

3º P. C. du général commandant le 21ᵉ C. A. à Saint-Léonard à partir de 12 heures. Rendez-vous aux liaisons même heure, même endroit.

Pour ampliation :   Le général commandant le 21ᵉ C. A.,
Le chef d'état-major,   *Signé :* LEGRAND.
DE BOISSOUDY.

prévoir, à moins que l'ennemi n'offrît aucune résistance, éventualité peu probable puisqu'il s'était fortifié, que la relève des unités d'attaque sur le terrain même de la lutte pourrait n'être pas très aisée. La prévision se réalisa et si le 14e C. A. vint bien à Sainte-Marie et au Bonhomme à l'heure dite pour relever le 21e, il conserva sur place les unités de ce dernier, lequel subit ainsi un retard notable dans ses opérations ultérieures.

Je n'aurais pas signalé l'incident si les rédacteurs du G. Q. G., qui distribuaient l'éloge et surtout la critique avec une si grande compétence et tant de libéralité, n'avaient jugé la réoccupation des cols des Vosges avec une sévérité exagérée. La suite de l'exposé permettra de l'apprécier (1).

L'attaque sur le col du Bonhomme fut confiée au général Pillot qui disposait à cet effet du 158e, d'un groupe A. D. et de deux escadrons. Les dispositions qu'il prit furent excellentes et il trouva dans cette première opération l'occasion de mettre en lumière son expérience acquise dans des cam-

(1) Je vise spécialement ici une note du 22 janvier 1915 émanant du G. Q. G. adressée aux armées et à nos agents diplomatiques et résumant les opérations de la 1re armée. On y impute au 21e corps une « fâcheuse mollesse » dans la réoccupation des cols des Vosges, on lui reproche de n'avoir pas, dès le 9 août, occupé les cols d'Urbeis, de Saales, de Hanz et du Prayez. Je tiens à protester contre l'inexactitude de cette dernière assertion, il était impossible de rien entreprendre sur ces cols avant que le 14e C. A. eût relevé le 21e et ceci était irréalisable le 9. Quant à la fâcheuse mollesse, je laisse au lecteur le soin de la juger.

pagnes coloniales, son énergie et sa décision. Il s'empara du col par une marche rapide, s'y retrancha, y fit venir la nuit son artillerie et fut ainsi en mesure de se maintenir avec succès sur sa position malgré le feu de l'artillerie lourde. Il estima avec raison que les forces dont il disposait ne lui permettaient pas de pousser une attaque au delà du col sur le village du Bonhomme. En définitive, il obtint un succès complet.

Je n'ai pu trouver d'indication précise sur les forces ennemies qui défendirent le col du Bonhomme, elles appartenaient à la 39ᵉ division du XVᵉ corps ; elles furent remplacées ultérieurement par des troupes de la division d'Ersatz bavaroise (1).

Au col de Sainte-Marie, la défense était assurée par le 180ᵉ régiment actif (1), qui fit partie de la 26ᵉ division de réserve ; l'attaque fut menée de notre côté par le 149ᵉ et, faute d'avoir été assez préparée et soutenue par l'artillerie, elle réussit moins bien qu'au Bonhomme. Si le col lui-même tomba entre nos mains, la progression tentée en avant sur le village de Sainte-Marie nous valut un échec. Le 149ᵉ se porta à l'attaque du Renclos des Vaches, position bien organisée par l'ennemi sur une contre-pente. N'a-t-il pas disposé immédiatement de son artillerie ou n'a-t-il pas employé celle-ci, le fait est que la prépara-

(1) Renseignement de source française.

tion de l'attaque par le canon fut nulle ; les reconnaissances paraissent aussi avoir été insuffisantes, bref l'infanterie lancée avec une grande bravoure sur la position fut arrêtée net. On crut pouvoir tourner un flanc qu'on croyait en l'air et on trouva au contraire une organisation solide bien appuyée de mitrailleuses ; les nôtres étaient inférieures en nombre, notre canon absent, une contre-attaque allemande se produisit qui rompit tout notre élan et devant laquelle il fallut battre en retraite sur le col, non sans avoir par trois fois exécuté d'énergiques remises en main. Nos pertes étaient lourdes : 14 officiers, plus de 400 hommes. Notre artillerie intervint pour protéger cette retraite en s'installant au col de Sainte-Marie. Que ne l'avait-on engagée plus tôt !

Pour réparer cet insuccès, il fallut appeler à la rescousse deux bataillons de C. P. de la 86e brigade. Cette unité fut amenée dans la région de Neuviller-sur-Fave, les 1er et 3e bataillons de C. P. précédemment établis dans le Ban-de-Sapt étant remplacés par deux bataillons tirés de la 26e brigade, réserve générale.

Lorsque, le 10 août, les éléments du 14e C. A. vinrent pour nous relever au col de Sainte-Marie, le général Bacquet qui les commandait jugea indispensable de conserver temporairement nos unités en face d'un ennemi dont la résistance était loin d'être épuisée.

Au Bonhomme, la relève se fit sans difficulté,

toutefois, le chef de bataillon qui remplaçait là le général Pillot crut devoir prendre des dispositions différentes de celles que fort judicieusement celui-ci avait ordonnées. Le général, jugeant avec raison que la situation pouvait être compromise si l'ennemi passait à l'attaque, ordonna par précaution de maintenir à proximité les bataillons du 158ᵉ pendant un certain temps pour donner tout au moins à son artillerie la protection nécessaire durant le mouvement de relève.

On voit ainsi comment se justifiaient mes appréhensions sur les conséquences d'une relève des troupes du 21ᵉ C. A. par celles d'un autre corps sur les positions qu'elles avaient été chargées d'attaquer. Ainsi également s'explique le retard dans les attaques ultérieures des cols qui ont provoqué les critiques sévères et inexactes des rédacteurs du G. Q. G., ainsi que leur injuste imputation à notre mollesse.

Je tiens à appuyer de preuves mes assertions : l'ordre d'opérations nº 4 du 21ᵉ C. A. (1) pour la

____

(1)   Q. G. de Saint-Dié, 9 août 1914, 9 h. 5.

ORDRE GÉNÉRAL D'OPÉRATIONS Nº 4

Demain 10 août, le 21ᵉ C. A., faisant face au nord-est, a mission d'attaquer les cols d'Urbeis, de Saales, de Hanz et du Prayez.

En vue des opérations à exécuter, les mouvements préparatoires suivants auront lieu aujourd'hui 9 août :

 a) Les deux bataillons du 21ᵉ régiment d'infanterie

journée du 10 août, daté du 9 août, 9 h. 5, prévoit, selon les instructions de la 1re armée, l'attaque des cols d'Urbeis, Saales, Hanz et Prayez et, à cet effet, prescrit le regroupement de la 43e division : 86e brigade dans la vallée de la Fave, 85e brigade dans la région de Laveline, « après la relève

(Robache, Raids-de-Robache) iront relever sur leurs emplacements de couverture :

Le 1er bataillon de chasseurs (région de Senonnes) ;

Le 3e bataillon de chasseurs (Launois, la Fontenelle).

Mouvements réglés par le colonel commandant p. i. la 26e brigade.

b) Les deux bataillons de chasseurs précités, une fois relevés par les bataillons du 21e régiment d'infanterie, se porteront en entier sur la rive droite de la Fave, dans la région Neuvillers-sur-Fave, Frapelle.

c) Le 31e bataillon de chasseurs, après avoir été relevé par les Alpins au col de Sainte-Marie, se portera à Combrimont.

De cette sorte la 86e brigade se trouvera regroupée aux ordres de son chef dans la vallée de la Fave.

d) Après la relève effectuée sur la crête frontière par les Alpins, et dès que ses troupes seront disponibles, le général commandant la 85e brigade groupera les deux régiments de sa brigade dans la région de Laveline.

e) Les groupes d'artillerie qui, hier, 8 août, ont accompagné les attaques tant sur le Bonhomme qu'au col de Sainte-Marie, se reporteront en arrière avec les troupes d'infanterie et se dirigeront :

1° Le groupe A. D. 43 (Fraize) sur un point à désigner par le général commandant la 43e division ;

2° Le groupe A. C. 21 (col de Sainte-Marie) sur Laveline.

f) Le groupe A. C. 21 (Robache) se portera sur Saint-Jean-d'Ormont.

g) Les troupes de la 13e division portées cette nuit

effectuée sur la crête frontière par les groupes alpins ».

Cette relève n'ayant pu être effectuée (incident qu'on aurait pu prévoir, peut-être), les mouvements ordonnés ont été contremandés (ordre général nᵒ 5 (1) et les troupes maintenues en place pour la journée du 10.

J'ai la satisfaction d'être, sur ce point, d'accord avec le général Dubail qui, dans ses *Souvenirs*, reconnaît (p. 19) que l'ordre donné par le G. Q. G.

de la région de Baccarat sur la Hollande seront dirigées :

1ᵒ Le bataillon du 21ᵉ d'infanterie et le groupe du 62ᵉ d'artillerie sur Senones ;

2ᵒ Le bataillon du 17ᵉ d'infanterie sur Saint-Jean-d'Ormont.

h) Il appartiendra au général commandant la 43ᵉ division de prendre toutes mesures dans la matinée d'aujourd'hui pour regrouper dans la journée toutes les forces actuellement sous ses ordres.

Le général commandant la 13ᵉ division reprend le commandement de toutes les troupes de sa division groupées dans le Ban-de-Sapt.

Pour ampliation :   *Le général commandant le 21ᵉ C. A.,*
Le chef d'état-major,   *Signé :* LEGRAND.
DE BOISSOUDY.

(1)   Q. G. de Saint-Dié, le 9 août 1914, 20 h. 15.

TÉLÉGRAMME

ORDRE GÉNÉRAL Nᵒ 5

Toutes les troupes du corps d'armée conserveront demain 10 août leurs emplacements actuels et y attendront de nouveaux ordres.

d'enlever les cols des Vosges au nord de la Schlucht était prématuré, qui signale (p. 23) que le 9 août j'ai demandé à différer l'attaque sur Urbeis, Saales et Hanz en raison de l'accrochage à Sainte-Marie et à être maître du choix du moment, proposition qu'il a bien voulu approuver, qui enfin (p. 25) relate l'émotion qu'éprouve le G. Q. G. à propos des combats aux cols de Sainte-Marie et du Bonhomme (on saisit mal d'ailleurs le motif de l'émotion qu'a pu produire cette dernière opération parfaitement réussie) et qui ajoute : « On est très nerveux à Vitry et on entre malencontreusement dans trop de détails. On devrait bien laisser les commandants d'armée en face des instructions données, avec leur responsabilité et leur initiative. » Je ne pourrais désirer plus complète justification de ma conduite ni jugement plus autorisé sur l'émotion excessive du G. Q. G. et l'ingérence malheureuse du haut commandement dans le détail des opérations. Et ceci me permettra de dédaigner les appréciations des rédacteurs et de regretter qu'elles aient trouvé à la fois approbation en haut lieu et publicité aussi étendue.

Dans cette même journée du 10 août, l'ennemi prenait l'offensive, d'une part, en débouchant du col de Saales et en s'avançant jusqu'à Provenchères ; d'autre part, devant Blamont et Montigny où il refoulait sur la Verdurette les groupes du général Barbade (25e brigade). Ce dernier n'hésitait pas à faire appel au 8ᵉ C. A. qui se concentrait depuis le 6 août dans la région Charmes-Châtel et dont l'avant-garde approchait d'Hablainville le 10 août. Cet appel, renouvelé avec plus d'instance le 11, lorsque la 25ᵉ brigade dut se replier sur la Meurthe, en avant de Baccarat, n'a pu être accueilli par le commandant de la 1ʳᵉ armée qui « ne voulait pas voir le 8ᵉ corps sortir de sa zone d'action et éparpiller une partie de son monde » (*op. cit.*, p. 31). On ne peut que s'incliner devant la décision d'un commandant d'armée, seul juge de l'emploi qu'il doit faire de ses forces et plus compétent que ses subordonnés pour engager leur action. Toutefois, je sais que l'appel adressé par le général Barbade fut jugé sévèrement au Q. G. de la 1ʳᵉ armée et que la conduite de cet officier général en cette circonstance fut blâmée. Je demande la permission de défendre mon ancien subordonné pour qui je conserve la plus grande estime.

Barbade, avec sa brigade, eut à assurer la couverture dans la zone Blamont-Badonviller ; il était soutenu à gauche par la 6ᵉ division de cavalerie, mais cette unité dont les chevaux étaient fatigués par le transport ne put fournir un effort efficace. La 25ᵉ brigade eut devant elle le Iᵉʳ corps d'armée bavarois (1) qui s'empara de Badonviller le 10 août et inaugura les actes abomi-

(1) *Schlachten und Gefechte*, p. 4.

nables dont l'ennemi s'est rendu fréquemment coupable au cours de la guerre : incendie d'habitations privées ; réquisition d'habitants des deux sexes pour couvrir la marche de ses détachements. Barbade lutta avec beaucoup d'habileté et défendit son terrain pied à pied, utilisant les rares lignes d'eau qui le coupent en avant de la Meurthe et se repliant enfin sur cette ligne de défense. J'ai dit pourquoi et comment on n'avait pas eu recours à la fortification, pendant la période de couverture ; la concentration faite, il ne pouvait entrer dans les intentions du général commandant l'armée d'ordonner l'organisation d'une ligne fortifiée en avant de la Meurthe, puisqu'il se proposait d'attaquer l'ennemi sur la Sarre, opération qu'il a réalisée le 19 août. Ainsi s'explique le recul du général Barbade et la nécessité où il s'est trouvé de demander l'appui des troupes dont il couvrait les débarquements.

C'est au cours de ce mouvement que l'ennemi (Ier corps d'armée bavarois) se rendit maître une première fois de Badonviller, il y marqua son passage par l'incendie de tout un faubourg et la destruction de l'église dont il ne laissa debout que les murs. Cette sauvagerie produisait d'autant plus d'horreur que, sur la grande place bordée des plus belles maisons de la ville où l'hôtel de ville et l'église se font face, seule, cette dernière, que son caractère sacré semblait devoir préserver, avait subi les outrages de l'ennemi.

Il n'est pas déplacé de constater que cette destruction systématique d'un sanctuaire consacré au culte catholique a été l'œuvre de troupes appartenant à une partie de l'Allemagne qui se targue d'être fidèle à l'Église et sait au besoin invoquer l'autorité du Saint-Père.

Les extraits ci-dessous des notes du lieutenant Cartier-Bresson montreront par les détails qu'elles renferment ce que fut la lutte sur la rive droite de la Meurthe pendant la période de couverture. On se souviendra que leur auteur, industriel important de la vallée de la Plaine, officier de réserve au 62ᵉ régiment d'artillerie, appartenait au groupe mis à la disposition du général Barbade.

10 *août* 1914. — L'avant-garde du IIᵉ corps bavarois attaque notre couverture. Nos chasseurs à pied sont admirables ; la compagnie du capitaine Singery (20ᵉ bataillon C. P.) surprenant dans Ancerviller deux escadrons de uhlans à l'abreuvoir en fait un horrible carnage. Deux compagnies du 2ᵉ bataillon C. P., sous les ordres du capitaine Gerboin, tiennent pendant plusieurs heures le ravin de Bréménil contre des forces écrasantes qui les attaquaient en colonnes serrées, revenant sans cesse à la charge ; postées en arrière du pont, nos mitrailleuses les fauchent sans répit. Mais vers le soir, menacés d'enveloppement, nos chasseurs se replient sur Badonviller...

Le jour baisse et le spectacle devient saisissant ; de nombreux villages sont en flammes : Harbouey, Parux, Halloville, nos adversaires pratiquent déjà le système de terrorisation dont les résultats seront bien opposés à ceux qu'ils en attendaient : nous sentons le moral de nos hommes s'exaspérer progressivement.

11 *août*. — L'ennemi débouche en deux colonnes principales, l'une par la route de Bréménil, l'autre à la droite de la première par la plaine de Neuviller. Vers 3 heures, nous sommes en batterie (1) et la lutte ne tarde pas à s'engager ; le combat est très violent dans les bois de la Voivre situés un peu en avant de notre front ; nos chasseurs, trop peu nombreux, se replient. Badonviller est débordé et en partie occupé ; vers 5 heures, un bataillon du 17e d'infanterie contre-attaque sans succès ; plus heureuses, deux compagnies du 20e chasseurs, énergiquement menées par le capitaine Gerboin, reprennent pied dans Badonviller. Mais la lutte est trop disproportionnée, notre recul inévitable s'opère à la tombée de la nuit et nous nous établissons sur le front Sainte-Pole-Pexonne ; l'artillerie retirée du front cantonne à Vaqueville ; les deux compagnies du 20e chasseurs, qui n'ont pu être atteintes par l'ordre de retraite, restent dans Badon-viller et s'échappent à grand'peine au petit jour.

Une entente serait intervenue entre le général Barbade et le 8e C. A. pour combiner une manœuvre ayant pour objet de rejeter les Allemands sur la lisière des forêts vers l'est.

12 *août*. — 5 heures, l'attaque allemande se déclanche, soutenue par un violent feu d'artillerie. De nombreux obus éclatent sur Pexonne ; la brume et le soleil levant nous empêchent de distinguer d'où partent les coups ; nos batteries (2) doivent attendre un long moment avant de riposter. A la faveur de cet avantage momentané, les Allemands peuvent prendre

____

(1) Au sud du village de Sainte-Pole.
(2) Occupant les mêmes emplacements que la veille (sud de Sainte-Pole).

pied dans les bois au nord de Pexonne. Une deuxième attaque se prononce sur Saint-Maurice, mais cette fois notre groupe se met de la partie et tire pendant quelques instants à une allure folle. L'ennemi recule en désordre ; de l'artillerie, qui était venue se mettre en position aux lisières du bois d'Ancerviller, est obligée de se replier au galop, abandonnant du matériel ; l'ennemi évacue les tranchées qu'il occupait sur les croupes au nord de Sainte-Pole. La situation semble donc favorable.

A ce moment, l'intervention du 8ᵉ corps, qui, jusque-là, se dessinait d'une manière à laisser espérer un succès, aurait été arrêtée net sur ordre venu de l'armée, et les unités de ce C. A. se retiraient sur la ligne Hablainville-Brouville.

La 25ᵉ brigade aurait dû dans ces conditions renoncer à l'opération annoncée et, pour ne pas rester en flèche, se replier à son tour sur le front Vacqueville-Neufmaisons. L'arrivée du 13ᵉ C. A., le 13 août, vient donner à cette partie du front la solidité nécessaire, le rôle de couverture de la 25ᵉ brigade est alors terminé.

III

ENTRÉE EN ALSACE
COMBAT DE SAINT-BLAISE

Dès que me fut signalée l'irruption ennemie dans la vallée de la Fave, je pris aussitôt mes dispositions pour la repousser ; l'ordre d'opérations nᵒ 6 (1), daté du 10 août, 14 heures, prescri-

(1)   Q. G. de Saint-Dié, 10 août 1914, 14 heures.

ORDRE GÉNÉRAL D'OPÉRATIONS Nᵒ 6

I. — L'ennemi débouche en forces dans la trouée de Saales.

II. — Le 21ᵉ corps va repousser ses attaques.

III. — A cet effet :

a) 43ᵉ division :

Le général commandant la 86ᵉ brigade : disposant des 1ᵉʳ et 3ᵉ bataillons de chasseurs et d'un groupe d'artillerie, fera face à cette attaque à cheval sur la route Saint-Dié-Saales.

Avec le reste de la division (moins le 149ᵉ), le général commandant la 43ᵉ division agira sur l'ennemi sur l'axe Laveline, Lusse, Colroy-la-Grande.

Cette offensive devra être appuyée par toute l'artillerie divisionnaire et les deux groupes A. C. 21 (région de Saulcy) mis à sa disposition.

b) 13ᵉ division :

Laissant à Senones et dans le Ban-de-Sapt les forces

vait à la 43ᵉ division de placer la 86ᵉ brigade, réduite à deux bataillons de chasseurs, en travers de la route principale Saint-Dié, Saales, d'agir, avec le reste de ses forces disponibles, dans l'axe Laveline, Lusse, Colroy-la-Grande, c'est-à-dire par la hauteur, sur un des flancs de l'ennemi. La 13ᵉ division, laissant à Senones et au Ban-de-Sapt les forces nécessaires à la garde de cette partie du front, agirait avec le surplus sur l'autre flanc ennemi en débouchant au besoin par les cols du Las et d'Hermanpaire.

Dans la soirée du même jour, ces dispositions purent être renforcées grâce à l'arrivée du 14ᵉ corps sur la Meurthe : entre Fraize et Saint-Léonard. Ce corps devait assurer la relève des éléments de la 43ᵉ division encore maintenus sur les cols. Ces éléments, dirigés vers la zone Coinches, Sainte-Marguerite, Bertrimoutier, rendraient à la 43ᵉ divi-

nécessaires pour faire face à toute attaque de ce côté, agira avec les troupes disponibles dans le flanc droit de l'offensive allemande en débouchant le cas échéant par les cols du Las et d'Hermanpaire.

c) A la disposition du général commandant le 21ᵉ C. A. :

109ᵉ régiment d'infanterie (Saint-Dié) ;

Un groupe A. C. 21 (Saint-Dié) ;

Deux compagnies génie de corps (chargées de la protection de la ville de Saint-Dié et du Q. G. du 21ᵉ corps).

IV. — P. C. du général commandant le 21ᵉ C. A. : Saint-Dié jusqu'à nouvel ordre.

Pour ampliation :   Le général commandant le 21ᵉ C. A.,
Le chef d'état-major,   *Signé :* LEGRAND.
DE BOISSOUDY.

sion la presque totalité de ses moyens d'action.

La journée du 11 fut employée à l'exécution des mouvements préparatoires à l'attaque sur Saales, l'ennemi fut vivement rejeté de Provenchères, où il avait pénétré ; le 3e bataillon de chasseurs (commandant Reneaud) eut la conduite de cette opération de détail qu'il mena avec un plein succès. Son mérite est d'autant plus grand qu'il eut affaire à des forces supérieures que les *Schlachten und Gefechte* énumèrent comme suit :

« 99e régiment d'infanterie de réserve, compagnie cycliste du 8e bataillon de réserve. Détachement du 3e chasseurs à cheval, une batterie d'artillerie (51e régiment). »

La 13e division d'infanterie occupa le col des Broques qui conduit à Saales par l'ouest.

Voulant éviter un échec dû à une insuffisante préparation par l'artillerie, j'adressai à mes divisionnaires une instruction leur prescrivant formellement de ne lancer l'infanterie à l'attaque qu'après une sérieuse canonnade, cette prescription me paraissait d'autant plus nécessaire que le récent règlement de manœuvres, exagérant la puissance de l'infanterie, spécifiait que celle-ci pouvait, par ses moyens propres, conduire une attaque de bout en bout et ne demandait à l'artillerie que de l'appuyer. Imbu des idées anciennes sur la nécessité de la préparation de l'attaque par le canon, j'en fis une obligation absolue aux troupes sous mes ordres. Je ne crois pas m'être trompé dans la circonstance. J'ordonnai aussi que l'on fît appel à la fortification pour organiser les positions conquises.

Le 12, eurent lieu l'attaque et l'enlèvement du col de Saales qui paraissait devoir être sérieusement défendu, car on y apercevait plusieurs lignes de tranchées [ordre général nº 8 (1)].

(1)   Poste de commandement de Neuvillers-sur-Fave,
le 11 août 1914, 19 h. 30.

ORDRE GÉNÉRAL D'OPÉRATIONS Nº 8
pour la journée du 12 août.

I. — Le 21ᵉ C. A. se maintiendra ce soir sur les positions conquises qu'il organisera solidement.

II. — Demain, 12 août, continuation de la mission générale définie par l'instruction générale nº 1 en date du 11 août, 6 h. 20.

A cet effet :

43ᵉ *division :* poursuivra son offensive en prenant comme front d'attaque le front Voyemont (cote 803), Saales.

Dès qu'elle aura pris pied sur ce front, elle procédera à son organisation défensive.

Elle se couvrira en outre sur sa droite du côté des cols de la Raleine, de la Hingrie et d'Urbeis, en obstruant et barrant solidement ces passages.

Elle liera son action au nord avec la 26ᵉ brigade.

26ᵉ *brigade :* étayera tout d'abord l'action offensive de la 43ᵉ division sur le front Saales, Voyemont.

Dès que ce front sera atteint par la 43ᵉ division, la 26ᵉ brigade, prenant pivot au col des Broques qu'elle occupe, s'élèvera vers le nord dans la région de Saint-Stail, barrera solidement les passages secondaires du Palais et de la Chapelle-Saint-Louis et se couvrira du côté du col de Hanz.

Les attaques reprendront dès 4 heures.

En réserve à la disposition du général commandant

La 43ᵉ division attaquait sur le front Saales, Voyemont ; la 13ᵉ, réduite toujours à une brigade, la 26ᵉ, flanquait cette attaque à gauche et, pivotant autour des Broques, devait s'élever vers le nord dans la région de Saint-Stail. L'action engagée dès la pointe du jour fut surtout une canonnade dirigée sur la position ennemie du col de Saales où nous entrâmes sans résistance sérieuse dans la matinée. J'ai peut-être ce jour-là consommé quelques centaines de coups de canon de plus qu'il n'eût été strictement indispensable, mais je ne subis que des pertes insignifiantes, c'était précisément le résultat que je désirais obtenir. En fin de journée, le 21ᵉ corps, dont le Q. G. était toujours à Saint-Dié depuis le 8 août, avait la 43ᵉ division à Saales, la 13ᵉ à Saint-Stail ; sa ligne d'avant-postes s'étendait du col d'Urbeis, à droite, au bois de Gelaye (est du col de Hanz),

le 21ᵉ C. A. : 109ᵉ régiment d'infanterie (2 bataillons), un groupe A. C. 21, Neuvillers-sur-Fave.

III. — Centre de groupement des blessés pouvant marcher :

13ᵉ division : Chatas, Grandrupt.

43ᵉ division : Beulay.

IV. — Poste de commandement du général commandant le 21ᵉ C. A. : Neuvillers-sur-Fave à partir de 4 heures.

Q. G. du 21ᵉ C. A. continuera à fonctionner à Saint-Dié.

Q. G. de la 13ᵉ division au Ban-de-Sapt.

Q. G. de la 43ᵉ division, Frapelle.

Pour ampliation :   *Le général commandant le 21ᵉ C. A.,*
Le chef d'état-major,   *Signé :* LEGRAND.
Signé : DE BOISSOUDY.

à gauche, par Stampoumont et Saulxures dans la vallée de la Bruche. La 25ᵉ brigade restait toujours en avant de la Meurthe dans la région est de Baccarat. La réserve d'infanterie du corps d'armée, constituée par trois bataillons de C. P. de réserve, les 57ᵉ, 60ᵉ et 61ᵉ qui avaient débarqué le 10 août dans la région de Girecourt, était portée à Saint-Dié et Raon-l'Étape.

La journée du 13 (1) devait être consacrée à l'installation dans la vallée de la Bruche où je ne voulais m'engager qu'après avoir pris les précautions nécessaires pour mettre mon flanc droit à l'abri d'une attaque débouchant des cols d'Urbeis et de Steige. Je l'employai personnellement à aller voir sur la Meurthe la 25ᵉ brigade qui allait être relevée par le 13ᵉ corps.

Le général Dubail avait, pendant ce temps, arrêté ses dispositions en vue de l'offensive générale de la 1ʳᵉ armée qui devait être déclanchée le 14 août ; il a réuni à cet effet, dit-il, les commandants d eC. A. sous ses ordres dans une conférence, le 12 août, pour leur donner ses instructions ; je n'ai pas assisté à cette réunion puisque à cette date je dirigeais sur le terrain l'attaque du col de Saales.

___

(1) *Schlachten und Gefechte* fait mention d'une affaire au col de Hanz, le 13 août, dans laquelle les forces ennemies seraient représentées par une partie du 99ᵉ régiment d'infanterie de réserve. Je ne retrouve dans mes souvenirs et mes documents aucune trace d'un combat à cette date ; s'il a eu lieu, il n'a pas eu grande importance et fut certainement un succès pour nous puisque notre progression n'a pas été arrêtée un instant.

Dans l'offensive générale de l'armée sur le nord-est, le 21ᵉ corps devait prendre pour direction générale d'attaque lá vallée de la Bruche ; à droite, le 14ᵉ corps progressait vers Villé et Barr ; à gauche, le 13ᵉ s'avançait vers Cirey-sur-Vezouse. La 25ᵉ brigade, dirigée sur le Donon par les vallées de la Plaine et du Rabodeau, le reliait à ce dernier.

L'ordre d'opérations nᵒ 10 (1) du 21ᵉ corps pour

(1)   Q. G. de Saint-Dié, 13 août 1914, 15 h. 30.

ORDRE GÉNÉRAL D'OPÉRATIONS Nᵒ 10
pour la journée du 14 août.

I. — Demain 14 août, offensive générale de la 1ʳᵉ armée vers le nord-est.

II. — Le 21ᵉ C. A., agissant principalement par la vallée de la Bruche et se reliant au 13ᵉ corps par ses éléments marchant par la vallée de la Plaine et du Rabodeau, a mission de s'emparer demain 14 du Donon et de Schirmeck.

A sa droite, le 14ᵉ C. A., couvrant le flanc droit de la 1ʳᵉ armée, doit progresser dans la direction générale de Villé, Barr.

A sa gauche, le 13ᵉ C. A. se porte dans la région de Cirey-sur-Vezouse.

Zone de marche et de stationnement du 21ᵉ C. A. limitée :

Au nord par la route exclue Saint-Benoît, Raon-l'Étape et la crête incluse bordant la rive droite de la Plaine.

Au sud, par la route incluse : Rouges-Eaux, Saint-Dié, prolongée par la ligne exclue : l'Ormont, le Climont, ligne de crête partant du Climont par le Champ-du-Feu sur le Steinhubel.

III. — L'offensive du C. A. s'effectuera sur trois colonnes, ainsi qu'il suit :

a) Colonne de droite (43ᵉ division, deux escadrons du

la journée du 14 août assignait comme objectif le front Schirmeck, Grandfontaine, les Minières, le Donon et prévoyait l'avance dans cette direction en trois colonnes :

A droite, la 43ᵉ D. I. et l'artillerie de corps par la route principale Saales-Schirmeck se couvrant vers l'est par un bataillon du 149ᵉ au Haut-de-

4ᵉ chasseurs, une compagnie du génie de corps, A. C. 21, deux ambulances, une section hos. sous les ordres du général commandant la 43ᵉ division.

Disposera de la route : Saales, Bourg-Bruche, Saint-Blaise, Rothau.

Objectif : Schirmeck.

Couvrira sa marche vers le nord-est et assurera sa liaison avec le 14ᵉ C. A. :

1º Par un bataillon (bataillon du 149ᵉ d'infanterie revenant du col de Sainte-Marie, poussé sur le Haut-de-Steige pour tenir et barrer le couloir de Villé). Ce bataillon :

Cherchera au sud la liaison avec les éléments du 14ᵉ C. A. débouchant du col d'Urbeis ;

Raliera par Raurupt et Colroy-la-Roche sur Saint-Blaise après l'écoulement de la colonne.

2º Par un détachement composé :

D'un régiment d'infanterie, une batterie et la compagnie divisionnaire du génie ;

Porté sur la Rothaine à Natzwiller, Neuwiller.

Suivra l'itinéraire : la Salcée, Raurupt, Colroy-la-Roche, Fosse de Bas-Lachamp, Bellefosse, Waldersbach, Perheux, Wildersbach.

b) Colonne du centre, 13ᵉ division (moins le groupement du général Barbade), un escadron du 4ᵉ chasseurs, une compagnie du génie de corps, deux ambulances, une section hos. sous les ordres du général commandant la 13ᵉ division.

Disposera de la route : col du Hanz, Champenay, route contournant à l'est le massif de la Chatte-Pendue, puis

Steige et par un détachement d'un régiment et une batterie partant de la Salcée et Raurupt, dirigé sur la Rothaine (1), ayant mission d'établir la liaison avec le 14e C. A. Ces deux fractions absorbaient la 85e brigade presque en entier.

Au centre, la 13e D. I., moins la 25e brigade, passait par le col de Hanz, Champenay et la

passant à l'ouest de la Bambois et venant aboutir à Salm, route de Salm à Grandfontaine.

Placera le 109e régiment (deux bataillons de Champenay) à l'avant-garde, avec la compagnie de génie de corps (rendue aujourd'hui à Champenay).

Les trois compagnies encore à Senones seront dirigées directement par le Kiosque à Grandfontaine.

Objectif : Vaquenoux, Grandfontaine, les Minières.

Assurera sa liaison, à l'est, avec la colonne de la 43e division ; à l'ouest, avec la colonne de gauche.

c) Colonne de gauche : 21e bataillon de chasseurs et un peloton cavalerie (escadron Montmartin) opérant par la vallée de la Plaine et par la route Prayez, Donon, prendra pour objectif le Donon.

Ce bataillon sera suivi par le groupement du général Barbade (un escadron du 4e chasseurs moins le peloton ci-dessus, 17e et 20e bataillons de chasseurs, deux bataillons du 17e d'infanterie, deux GR. AD. 13, le 57e bataillon de chasseurs de réserve) qui, partant de la région de Raon-l'Étape, remontera la vallée de la Plaine.

Ce dernier détachement, réservé à la disposition du commandant de l'armée, assurera la liaison entre le 21e C. A. et le 13e C. A. Son mouvement sera réglé par le général Barbade.

d) Chaque colonne sera suivie de ses trains de combat.

e) Les attaques franchiront la transversale Raurupt.

(1) Affluent de la Bruche aboutissant à Rothau.

route contournant le massif de la Chatte-Pendue.

A gauche, le détachement Barbade, 25ᵉ brigade et 2 groupes A. D. maintenus aux ordres du général commandant l'armée, suivait la vallée de la Plaine et se dirigeait sur le Donon par le col du Prayez.

Le 4ᵉ régiment de chasseurs réparti entre les trois colonnes, deux escadrons à droite, un au centre, un à gauche, couvrait le mouvement. Nous ne possédions sur l'ennemi que des renseignements assez vagues, mais son activité très ralentie depuis le 12 nous donnait l'impression que nous le dominions nettement : il fallait toutefois s'attendre à le rencontrer sur l'une des positions de barrage qu'offre la vallée. En fait, cette position était celle de Saint-Blaise-Plaine sur laquelle il s'était sérieusement retranché et dont

Saulxures-les-Saales, Champenay, le Prayez, Raon-sur-Plaine, à 6 heures.

IV. — Poste de commandement du général commandant le 21ᵉ C. A. : Saales à partir de 6 heures.

Le G. Q. du 21ᵉ C. A. continuera à fonctionner jusqu'à nouvel ordre à Saint-Dié.

.V. — Rapport au poste de commandement de Saales à 17 heures.

VI. — Réserve d'infanterie :

1º Le 61ᵉ bataillon de chasseurs sera maintenu à Saales pour assurer la protection du poste de commandement ;

2º Le 60ᵉ bataillon de chasseurs restera à Saint-Dié à la garde du Q. G. ;

3º Le 57ᵉ bataillon de chasseurs entrera dans la colonne de gauche.

la défense devait être appuyée par de l'artillerie de campagne et de l'artillerie lourde.

Je marchais à l'avant-garde de la colonne de droite, lorsque, arrivant à hauteur de la halte de Saulxures, nous reçûmes les premiers coups de canon ; l'artillerie de la 43e D. I. et une partie de l'A. C. s'établirent sur la pente sud du mamelon 157 (nord-est de Saulxures). Celle de la 13e D. I. prit position de part et d'autre de la route col de Hanz-Champenay à la lisière des bois couronnant les hauteurs qui la dominent. L'infanterie de la 86e brigade s'élevait à la fois dans les bois à l'ouest de la route principale, ainsi qu'à l'est de celle-ci dans la direction de Sur-Neufpré. La 26e brigade marchait sur Champenay. La liaison entre les deux divisions était assurée d'un côté par une compagnie du 1er bataillon de C. P. et de l'autre par des fractions du 21e R. I. dirigées par Saulxures sur Goutterangoutte.

Une compagnie de ce régiment s'égara et vint à l'est de Saulxures sur le mamelon séparant ce village de la route principale ; elle y fut prise aussitôt sous le feu du canon ennemi et s'égailla immédiatement. Cette action de détail qui se passa sous mes yeux m'amena à intervenir pour rectifier l'erreur de direction et fut pour moi un enseignement : d'une part sur la visibilité de nos uniformes, d'autre part sur le peu d'efficacité du canon de campagne allemand à l'égard des formations diluées. La compagnie ainsi surprise en flagrant délit n'eut à enregistrer que des pertes insignifiantes.

Par contre, l'entrée en action des pièces lourdes de l'ennemi, dont le tir était dirigé sur nos batteries en position au nord de Saulxures, produisit quelques résultats matériels (une pièce démontée) et un certain effet moral sur le personnel. L'autorité du général Dumézil, commandant l'artillerie du C. A., s'employa activement à le combattre.

La progression de l'infanterie était très lente ; Saint-Blaise d'une part, la Plaine de l'autre et, entre les deux, le mamelon fortifié qui les unit constituaient une ligne de résistance sérieuse.

Le premier de ces points d'appui situé dans un fond de vallée échappait à l'action de l'artillerie ; les travaux de défense étaient fort bien dissimulés, ainsi que les emplacements de batteries.

Je me rendis compte de la nécessité de déborder la position par les ailes en gagnant les hauteurs et j'adressai des ordres dans ce sens aux commandants des deux colonnes principales. La 86ᵉ brigade à droite devait s'efforcer d'atteindre le bois d'Obouleau à l'est de Saint-Blaise et dirigeait une flanc-garde plus à l'est sur le mamelon 702. La 26ᵉ brigade à gauche devait gagner la hauteur qui domine Plaine, à l'ouest, par le massif de Chatte-Penduc.

L'exécution de ces mouvements devait nécessairement être lente et il n'eût servi à rien de

DRAPEAU DU 132ᵉ RÉGIMENT D'INFANTERIE ALLEMAND (4ᵉ BATAILLON)
PRIS A SAINT-BLAISE PAR LE 1ᵉʳ BATAILLON DE CHASSEURS
A PIED.

chercher à brusquer l'action avant qu'ils eussent produit l'effet qu'on en attendait.

Vers 15 heures, le 1er bataillon de C. P. était déployé presque en entier à l'ouest de Saint-Blaise devant les tranchées couronnant la croupe au nord de la ferme Benaville.

Le 3e bataillon de C. P. avait deux compagnies à la lisière nord du village et tenait la hauteur 694 à l'est de ce dernier, nous étions maîtres de la majeure partie de la localité, mais l'ennemi tenait encore dans la filature où ses mitrailleuses nous gênaient considérablement.

A la 26e brigade, une certaine hésitation s'était manifestée tout d'abord dans l'attaque de Plaine, un ordre formel de foncer de l'avant lui fut adressé vers 15 heures. Le 21e régiment d'infanterie réussit à déborder le village, mais subit des pertes sensibles du fait de mitrailleuses installées notamment dans le clocher de l'église ; le colonel Frisch fut atteint d'une grave blessure dans cette attaque ; l'action du régiment fut toutefois décisive sur les derrières de la position ennemie.

Entre temps, notre artillerie, malgré la difficulté qu'elle éprouvait à repérer les batteries ennemies, prit sur celles-ci une supériorité marquée et les réduisit au silence.

L'attaque de la colonne de droite se poursuivit au delà de Saint-Blaise sur Diespach que menaçait un bataillon du 158e par le sud, la résistance de ce côté fut assez vive, mais le 3e bataillon de

C. P. réussit à atteindre Fouday par l'est, vers 19 h. 30, tandis que la flanc-garde occupait plus à l'est encore la hauteur Bellefosse-709.

A la tombée du jour, nous étions complètement maîtres de la position à l'exception d'un groupe de constructions au nord de Fouday que défendait un détachement ennemi plus tenace et bien armé de mitrailleuses. Sa résistance fut enfin dominée par nos chasseurs à pied et, bientôt, de nombreux prisonniers nous étaient amenés ; parmi eux se trouvaient pas mal de réservistes alsaciens qui saisirent volontiers, dès que la possibilité leur en fut donnée, l'occasion de témoigner leurs sentiments d'attachement pour la France. Ainsi s'expliquait, paraît-il, l'apparition de quelques chiffons blancs dans les tranchées ennemies qui avait été constatée à certains moments dans la journée, mais à l'égard de laquelle nous avions montré une méfiance justifiée par le souvenir des agissements récents de l'ennemi. Pendant la nuit, le 1ᵉʳ bataillon de C. P. pénétrait dans Diespach.

L'aspect de la position principale que nous venions d'enlever où douze pièces de canon restaient abandonnées, entourées de nombreux cadavres, prouvait l'efficacité du tir de notre artillerie, comme aussi la ténacité des défenseurs.

Les pertes très sérieuses de notre infanterie et spécialement celles de la 26ᵉ brigade témoignaient par ailleurs de la chaleur de la lutte. Ces pertes furent comme toujours très surestimées sur le moment et devenaient même impressionnantes dans le compte rendu verbal qui me fut fait le 15 au matin. Ramenées à leur exacte valeur après rassemblement et appel des unités, elles n'en restaient pas moins suffisantes à prouver que l'ennemi nous avait de son mieux disputé la victoire (1).

La nuit tombait au moment où celle-ci nous arrivait ; dans l'étroite vallée de la Bruche, en terrain accidenté, il ne pouvait être question de lancer l'unique régiment de cavalerie du C. A. à la poursuite de l'ennemi. C'est à l'artillerie qu'incomba cette mission sur l'initiative du général Dumézil qui fit balayer à toute volée et jusqu'à l'extrême portée des pièces la route principale de la Bruche. Les nombreux objets (armes, effets d'habillement et d'équipement, outils, etc.) abandonnés tant sur la position principale que sur les chemins démontraient à n'en pas douter que la défaite de l'ennemi s'était achevée en déroute ; ceci nous fut confirmée plus tard par les réservistes alsaciens.

Pour couronner ce succès, le 1er bataillon de

(1) Il paraît nécessaire d'insister sur ce point pour rétablir la vérité. Les réservistes alsaciens du 99e d'infanterie de Saverne, qui ont saisi avec joie l'occasion de passer « à l'ami » et de venger ainsi les outrages que leur avaient infligés leurs chefs allemands, l'année précédente, n'étaient pas seuls à défendre la position de Saint-Blaise. Si nous accueillons à bras ouvert et le cœur plein de joie nos frères retrouvés, nous ne devons pas cependant diminuer la vaillance de nos troupes qui, le 14 août, ont eu à surmonter une dure résistance et ont laissé tant des leurs sur le terrain.

C. P. s'empara du drapeau du 4ᵉ bataillon du 132ᵉ R. I. que ses défenseurs avaient caché sous un tas de foin dans la ferme Niargoutte qu'ils défendirent jusqu'à la fin de la journée.

Le nombre total des prisonniers ennemis tant valides que blessés s'élevait à 1 200 environ et douze pièces de canon restaient entre nos mains.

Pour la nuit du 14 au 15, la ligne de résistance de nos avant-postes était marquée par Bellefosse, Fouday, le signal de Plaine, la cote 615 (1 kilomètre nord de Plaine).

La 25ᵉ brigade atteignait le Donon et du côté de l'est nous tenions le Haut-de-Steige par un bataillon du 149ᵉ.

Pour apprécier l'importance de cette affaire, il faut mettre en regard de nos forces réellement employées (86ᵉ et 26ᵉ brigades avec l'artillerie de corps) celles que l'ennemi nous a opposées. Le *S. u. G.* indique comme présents à Diespach le 14 août : l'état-major de la 60ᵉ brigade, les régiments de réserve 15ᵉ et 99ᵉ, une partie du 3ᵉ chasseurs à cheval. L'Ersatz-Abtheilung des régiments d'artillerie de campagne 15ᵉ et 51ᵉ, le régiment d'artillerie à pied nᵒ 10. Cette énumération est certainement incomplète puisqu'elle ne comprend pas le bataillon du 132ᵉ dont nous avons pris le drapeau. Ce régiment appartenait à la 39ᵉ division d'infanterie dont la majeure partie a été employée entre Cernay et Mulhouse au commencement d'août. Le même ouvrage (*S. u. G.*)

donne comme ayant été dans la vallée de la Bruche du 14 au 19 août les unités suivantes : XIVe C. A. de réserve (26e et 28e divisions de réserve), la 19e Ersatz division, la 30e division de réserve. Le 99e de réserve appartient à la 26e D. R., le 8e bataillon de chasseurs de réserve, dont la présence à Provenchères a été signalée depuis le 13 août et qui n'a pas dû aller bien loin, appartient à la 28e, l'état-major de la 60e brigade et le 3e chasseurs à cheval sont à la 30e division active. Il est donc permis de croire sans exagération que des éléments autres que ceux signalés comme présents à Diespach le 14 août sont entrés en ligne.

On sera plus autorisé encore à affirmer que dans sa première rencontre avec l'ennemi le 21e corps s'est trouvé devant un adversaire nullement méprisable.

On trouvera peut-être que j'ai attribué au combat de Saint-Blaise une importance trop grande, mais si je crois avoir le droit d'être fier des résultats d'une affaire où j'ai commandé en chef sur le terrain et où les troupes sous mes ordres ont fait preuve d'une incontestable valeur, j'estime que ce droit devient un devoir lorsque je constate le silence dont on a entouré ce combat. Il ne fait l'objet que d'une très courte mention dans les *Souvenirs* récents du général Dubail et j'ai attendu jusqu'en septembre 1917 la citation à l'ordre de l'armée, récompense de mon action personnelle et consécration du succès du 21ᵉ C. A.

Sans doute, les résultats de ce succès n'ont pas dépassé les limites de la vallée de la Bruche dont, pendant quelques jours, nous fûmes maîtres jusqu'à Wisches, mais si l'action des corps d'armée voisins du 21ᵉ avait été aussi heureuse à la même époque, on aurait peut-être attribué à la sienne une importance plus adéquate à sa valeur réelle.

Je signalerai à ce propos qu'au cours de la lutte du 14 août, je m'étais préoccupé de ce qui se passait à ma droite en détachant une partie du 149ᵉ R. I. au Haut-de-Steige pour assurer la liaison avec le 14ᵉ C. A. Le général Pillot avait été, sur mon ordre, se rendre compte de ce qui se passait en ce point. Il constata la présence de l'ennemi dans les bois et à Steige, preuve que Villé n'était pas encore entre nos mains.

Il prit le 15 août le commandement du détachement renforcé par de l'artillerie et fit ouvrir le feu sur Steige qu'il s'apprêtait à attaquer, mais que l'ennemi évacua. Dans la journée, le 14ᵉ C. A. s'emparait de Villé.

La lutte au Haut-de-Steige fut assez meurtrière en raison des nombreux groupes de tireurs postés par l'ennemi dans les bois, nous y perdîmes notamment le commandant Didierjean du 149ᵉ.

Le Q. G. du C. A. fut porté à Saint-Blaise le 16 août et nous nous installâmes dans la vallée de la Bruche où nous pûmes constater avec quel soin les Allemands avaient établi leur organisation des liaisons. On découvrait des postes téléphoniques soigneusement dissimulés et il fallait se montrer extrêmement vigilant à l'égard de tous les individus ayant une attache avec le gouvernement. Pour donner une idée de leur audace, je signalerai ce fait : le 14, à la nuit tombée, je rentrais au Q. G. de Saales et je vis briller au sommet du sanatorium de Tannenberg, élevé sur l'un des flancs de la vallée, un phare électrique dont rien ne justifiait la nécessité, si ce n'est sans doute l'envoi de signaux à distance. Cet établissement hospitalier où affluaient les blessés de la journée avait pour directeur Herr Scheid, il était tenu par des religieuses allemandes. Par ailleurs, les perquisitions opérées dans la localité et notamment au domicile d'un ancien gendarme, Peter, bien connu comme agent du S. R. ennemi, amenaient la découverte de papiers fort intéressants, démontrant combien ce service avait de ramifications chez nous. Rien de tout cela sans doute n'est de nature à nous surprendre, mais il n'est pas inutile de relever, chemin faisant, la preuve des préparatifs de l'ennemi en vue de la guerre qu'il a déchaînée sur l'Europe et dont il essaye maintenant de décliner la responsabilité.

Les découvertes ainsi faites comme aussi certains agissements plus que suspects conduisirent notre haut commandement à ordonner la saisie d'otages qui furent envoyés à l'intérieur dans des camps de concentration. L'opération fut conduite avec ménagement, mais n'en donna pas moins prétexte à l'ennemi pour tenter de justifier les odieuses violations du droit des gens qu'il a commises par la suite.

Le succès remporté par le 21ᵉ C. A. avait pour conséquence de placer celui-ci nettement en avant des deux corps qui l'encadraient, aussi lui fut-il prescrit, pour la journée du 15 août (1), de se forti-

(1)   Q. G. de Saales, 15 août 1914, 0 h. 30.

ORDRE GÉNÉRAL D'OPÉRATIONS Nᵒ 12
pour la journée du 15 août.

I. — Demain, 15 août, continuation de l'offensive générale de la 1ʳᵉ armée.

II. — Le 21ᵉ C. A. a mission d'organiser le Donon et de se fortifier sur les positions qu'il a conquises dans la vallée de la Bruche, en attendant que l'avance du 14ᵉ C. A. lui permette de reprendre son mouvement.

III. — A cet effet :

1ᵒ Le détachement Barbade procédera à l'organisation défensive du massif du Donon suivant les instructions particulières qui lui sont adressées ;

2ᵒ Dans la vallée de la Bruche, la ligne de résistance sera marquée par le mamelon de la cote 615 (nord de Plaine), signal de Plaine, crête Blancherupt, Bellefosse, couloir de Haut-Steige.

Chacune des 13ᵉ et 43ᵉ divisions sera chargée des travaux :

43ᵉ division à l'est de la route Saales-Schirmeck incluse ;

13ᵉ division à l'ouest de cette route.

Par ordre de l'armée, dans chaque secteur les travaux devront, sur chaque crête, comprendre des tran-

fier sur les positions conquises, et d'organiser le Donon. L'armée spécifiait que les travaux défensifs devraient comprendre des tranchées profondes, dissimulées, avec défenses accessoires.

L'offensive du 21e C. A. serait reprise dès que le

chées profondes et dissimulées avec défenses accessoires.

En arrière de ces centres de résistance, aménagement de chemins de rocade pour les mouvements latéraux des troupes disponibles.

Il importe en outre de pousser en avant des fractions constituées pour l'envoi de renseignements par postes et patrouilles et d'organiser la transmission rapide de ces renseignements soit par signaux soit par relais d'hommes.

IV. — La compagnie du génie de corps affecté à la 13e division devra être portée au Donon à la disposition du général commandant la 25e brigade.

Mouvement réglé par le général commandant la 13e division après entente avec le général Barbade.

V. — Toutes les batteries maintenues cette nuit en position conserveront, demain 15, leurs emplacements. Les généraux de division feront en outre rechercher les emplacements de batterie destinés à faciliter la progression ultérieure dans la vallée de la Bruche.

VI. — P. C. du général commandant le 21e C. A. : Saales à partir de 5 heures. Le Q. G. fonctionnera à Saales.

VII. — Rapport du C. A. à 16 heures (officiers de liaison).

VIII. — Réserve d'infanterie : 57e bataillon de chasseurs maintenu au Donon, 61e bataillon de chasseurs après avoir été relevé par le 60e bataillon de chasseurs se portera au Haut-de-Steige à la disposition du général commandant la 85e brigade.

60e bataillon de chasseurs chargé d'assurer la garde du Q. G. du C. A.

IX. — Communications.

Poste d'armée Saales, de 15 à 8 heures.

Postes téléphoniques : Bourg-Bruche, 43e division, ouvert ;

14e C. A. à sa droite aurait gagné du terrain.

La 25e brigade (Barbade), renforcée d'un bataillon de C. P. de réserve, le 57e, et d'une compagnie du génie de corps, était chargée de l'organisation du Donon.

Le détachement du Haut-de-Steige (un bataillon du 149e) était maintenu en place et renforcé d'un bataillon de C. P. de réserve.

Le 16 août, le mouvement en avant fut repris avec objectif Schirmeck pour le 21e C. A., tandis que le 14e C. A. devait occuper Villé et le champ du Feu ; le 13e C. A. poursuivait son offensive sur Bertrambois et Saint-Quirin. Toutes les dispositions furent prises (ordre général nº 13) pour permettre au corps d'armée de briser éventuellement la résistance de l'ennemi, mais ce dernier se déroba et nous pûmes atteindre notre objectif sans incident.

Pour la journée du 17 août, le 21e C. A. recevait mission de couvrir la manœuvre de la 1re armée dans la direction du nord-est avec la 13e division face à Obersteigen (1) et Mutzig et de se tenir

Saulxures-les-Saales, 13e division, ouvert à 8 heures ; Donon, 25e brigade, ouvert à 13 heures.

Pour ampliation :   Le général commandant le 21e C. A.,
Le chef d'état-major,   *Signé :* LEGRAND.
DE BOISSOUDY.

____

(1) Nœud de routes sur le versant est des Vosges à hauteur de Mutzig, à 20 kilomètres environ du Donon.

prêt à porter le reste de ses forces, le 18, dans la région du Donon [ordre général n° 14 (1)].

La 25e brigade devait, tout en maintenant l'occupation du Donon, organiser face à l'est l'arête Grosmann-Noll, située au nord de cette position.

Le surplus de la 13e division s'organisant à hauteur d'Hersbach et de Schwatzbach barrait le couloir de Wisches dans la vallée de la Bruche et devait assurer la liaison avec le détachement Barbade.

La 43e division était groupée entre Schirmeck,

(1) P. C. de Saint-Blaise, 16 août 1914, 17 h. 40.

ORDRE GÉNÉRAL D'OPÉRATIONS N° 14
pour le stationnement du 16 au 17 août.

I. — Le 21e C. A. est maître de Schirmeck. L'ennemi qui n'a offert aucune résistance est signalé vers Lutzelhausen.

II. — Le 21e C. A. va s'établir au stationnement sous la protection de ses avant-postes qui s'organiseront défensivement d'une manière très solide.

III. — Ligne de résistance : hauteurs 567 (2 kilomètres nord de Vaquenoux), 619 (chêne signalé), 655, signal d'Hersbach, Russ, ligne de crêtes 569, 695 (signal de la Brûlée).

IV. — Ligne de démarcation entre les deux divisions : Hersbach (43e division) et route de Schirmeck à Saales.

Le détachement Barbade, qui tient le Donon, continue sa mission. Les éléments de ce détachement poussés aujourd'hui à Grandfontaine se relieront aux avant-postes de la 13e division.

La 43e division maintiendra les détachements de protection dans les couloirs de Haut-Steige, de Waldersbach et de Neuviller...

Grandfontaine et Saint-Blaise avec Q. G. à Rothau, de manière à être à portée de la route du Donon ; elle devait toutefois maintenir son détachement du Haut-de-Steige que le 14ᵉ C. A. n'avait pas encore relevé. Ainsi se faisait sentir par sa répercussion lointaine l'inconvénient signalé précédemment de la relève par un autre corps d'armée des éléments du 21ᵉ C. A. chargés de l'enlèvement ou de la garde des cols des Vosges. Depuis le 10 août, la 43ᵉ division restait ainsi accrochée par son aile droite en arrière du front du corps d'armée.

L'ennemi n'opposa aucune résistance sur tout le front de l'armée pendant la journée du 17 et ordre fut donné [ordre général nᵒ 16 (1)] d'exé-

---

(1)   Q. G. de Saint-Blaise, le 17 août 1914, 24 heures.

ORDRE GÉNÉRAL D'OPÉRATIONS Nᵒ 16
pour la journée du 18 août.

I. — L'ennemi s'est dérobé sur le front de la 1ʳᵉ armée.

Demain, 18 août, le 21ᵉ C. A., maintenant sa réserve d'infanterie au Donon et poussant sur Urmatt les éléments occupant la vallée de la Bruche, doit réunir son gros et la brigade coloniale (13ᵉ C. A.) qui lui sera rattachée jusqu'à nouvel ordre, dans la région Abreschwiller, Lettenbach, Saint-Quirin, Wasperwiller, avec détachement à Walscheid.

. . . .

3ᵒ 13ᵉ *division*. — La 13ᵉ division continuera la mission de couverture qui lui était assignée, tant au Donon que dans le couloir de Wisches.

Elle devra pousser jusqu'à la région d'Urmatt (à orga-

cuter le 18 le mouvement prévu de la 43e D. I. et des E. N. E. par le Donon et la haute vallée de la Sarre, vers la région Abreschwiller-Saint-Quirin où elle devait retrouver la brigade coloniale Simonin mise aux ordres du 21e C. A. La 13e D. I. continuait la mission de couverture qui lui était précédemment assignée dans la vallée de la Bruche et au Donon où elle était renforcée de la réserve d'infanterie du C. A. et du détachement de Steige.

niser solidement) les éléments occupant la vallée de la Bruche.

Au détachement Barbade, l'élément occupant le Noll poussera des reconnaissances vers Obersteigen. Le chemin réunissant le Donon au Noll devra être rendu praticable à l'artillerie.

4° *Brigade coloniale.* — Se portera à midi sur Abreschwiller et poussera à Walscheid un détachement destiné à couvrir l'aile droite de la 1re armée dans la direction de Hazelbourg et Dabo.

5° *Réserve d'infanterie.* — Le 57e chasseurs maintenu au détachement Barbade, le 60e bataillon de chasseurs rompant à une heure se dirigera sur le Donon où il sera mis à la disposition du général Barbade, le 61e bataillon de chasseurs (voir ci-dessous).

6° *Détachement de Haut-de-Steige.* — Le bataillon du 149e régiment d'infanterie et le 61e bataillon de chasseurs se porteront au Donon à la disposition du général Barbade. Leur mouvement sera réglé par le général commandant la 43e division.

La batterie faisant partie de ce détachement rejoindra le groupe auquel elle appartient.

7° Les deux escadrons de réserve, actuellement à Saulxures, se porteront à Schirmeck à la disposition du général commandant la 13e D. I. qui réglera leur mouvement...

Cette unité passait à cette date aux ordres du 14ᵉ C. A. et la direction de ses opérations échappa à partir de ce jour et jusqu'au 23 au 21ᵉ C. A. En passant au Donon, je vis les organisations défensives que le général Barbade y avait fait préparer, elles comprenaient des retranchements d'un certain relief couverts de sérieuses lignes d'abatis et comportant entre eux les intervalles qui nous semblaient alors indispensables pour passer éventuellement à l'offensive. Sans doute ces retranchements ne comprenaient pas des tranchées profondes, mais comme ils étaient établis sous bois et échappaient par conséquent aux vues de l'artillerie, cette disposition était sans inconvénient. Le manque de fil de fer dans nos approvisionnements de campagne empêchait par contre de donner aux défenses accessoires toute la puissance désirable. Ce défaut se fit sentir lorsque l'ennemi attaqua la position de Donon, mais je dois reconnaître qu'il ne m'apparut pas au cours de mon inspection ; en eût-il été autrement d'ailleurs que les moyens d'y remédier m'auraient manqué. Je crois devoir insister sur ce point parce qu'on pourrait être surpris que le centre de résistance du Donon n'ait pas tenu plus longtemps et tenté d'en faire porter la responsabilité au chef chargé de l'organiser et de le défendre.

IV

BATAILLE DE SARREBOURG
RETRAITE SUR LA MEURTHE

Le mouvement du 21ᵉ C. A. de la vallée de la Bruche dans celle de la Haute-Sarre à travers le Donon s'effectua sans incident et le 18 août au soir ce corps d'armée occupait la région Abreschwiller, Walscheid avec la brigade coloniale ; Wasperviller-Soldatenthal, Saint-Quirin, Turquestin avec la 43ᵉ D. I. Le Q. G. à Saint-Quirin.

Il recevait dans la nuit les instructions de la 1ʳᵉ armée aux termes desquelles : l'ennemi étant signalé dans la région Saint-Louis, Arschviller, Hommarting, nous devions nous attendre à le voir déboucher du front Hazelbourg, Schaferhof sur l'aile droite du 21ᵉ C. A. La mission de ce dernier consistait à occuper le front Plain de Walsch-Walscheid en maintenant une brigade en réserve d'armée. La 13ᵉ D. I., passant aux ordres du 14ᵉ C. A., devait pendant ce temps diriger sur Obersteigen une attaque aussi forte que possible.

L'intention du commandant de l'armée en

livrant bataille ne pouvait être de se tenir sur la défensive, toutefois ni les dispositions prises ni les explications fournies ultérieurement par les officiers de liaison ne firent apparaître nettement le plan d'engagement. Il parut pouvoir être ainsi interprété : tandis que le 13ᵉ C. A. au centre se maintiendra provisoirement sur ses positions, les deux corps des ailes : 8ᵉ et 21ᵉ, attaqueront vigoureusement : le premier en direction de Sarrebourg, le second vers Hommert et Haarberg ; le corps de cavalerie du général Conneau étant chargé de menacer les communications ennemies en franchissant la Sarre en aval de Sarrebourg. En raison de l'étendue du front occupé et de la solidité des positions à enlever, il eût fallu au commandant de la 1ʳᵉ armée une masse de manœuvre importante pour assurer l'exécution d'un pareil plan ; les forces dont il disposait ne lui permettaient pas de la constituer.

L'ennemi avait organisé ses positions avec beaucoup de soin, elles étaient sans doute étudiées depuis longtemps, peut-être même préparées, elles avaient été renforcées par des travaux, surtout le repérage du terrain avait été réalisé avec un soin extrême dont nous pûmes constater les effets à nos dépens au cours des trois jours de lutte.

La 43ᵉ division, réduite à la 86ᵉ brigade, fut chargée de tenir le front : Plain de Walsch-Vallerysthal en se reliant au 13ᵉ C. A. ; la brigade coloniale, appuyée d'une partie de l'A. C., reçut mission d'attaquer en direction de Hommert. La 86e brigade occupa bien le front assigné, mais ne le dépassa pas ; il me fut rendu compte qu'elle subit à ce moment l'influence d'un mouvement rétrograde du corps voisin à Broudersdorf. Ce mouvement très régulièrement exécuté et résultant d'une interprétation plus ou moins heureuse des ordres reçus à la 26e D. I. n'en eut pas moins un effet regrettable sur les unités voisines.

La progression de la brigade coloniale fut laborieuse, elle gagna bien l'éperon à l'est de Walscheid, mais put à peine atteindre Haarberg sans pouvoir s'y maintenir ; plus à droite, le 17e bataillon de C. P. tenait Saint-Léon et le 61e bataillon s'établissait sur le Soldatenkopf, couvrant ainsi la droite de l'armée.

C'est sur ces positions, occupées en fin de journée, que bivouaquèrent les troupes du 21e C. A. Mon poste de commandement avait été établi durant l'action à Voyer, dans la même localité qu'occupait celui du 13e C. A. On aurait pu éviter sans doute cette superposition par une délimitation plus précise des zones attribuées à chaque corps.

La bataille reprit le 20, dès la première heure ; j'avais cette fois rapproché mon P. C. de ma droite en l'établissant à la Valette. Les Allemands poussaient de ce côté une vigoureuse offensive à laquelle ils consacraient, paraît-il, la totalité du XVᵉ corps. Sous cette forte poussée, la brigade coloniale dut céder du terrain et perdit une partie de son artillerie ainsi que des pièces de l'A. C. Je me souviens encore du compte rendu ému que vint me faire à ce sujet le lieutenant-colonel Favret qui commandait cette dernière.

J'engageai successivement toutes mes réserves : 31ᵉ bataillon de C. P. et bataillons coloniaux pour réparer ce contre-temps et je dus, enfin, demander au commandant de l'armée, qui me l'accorda, la 85ᵉ brigade tenue jusque-là à sa disposition. A 14 h. 30, cette unité me fut rendue et le général Pillot, en l'énergie de qui j'avais toute confiance, la lança à l'attaque en direction Eigenthal, hauteurs ouest de Walscheid ; le 149ᵉ à gauche montant sur Trois-Fontaines pour étayer la 86ᵉ brigade, le 158ᵉ sur la hauteur de Saint-Léon qui domine la région et qu'attaquait en même temps le 17ᵉ bataillon de C. P., tandis que le 31ᵉ bataillon marchait sur Munichof. Le lieutenant-colonel Houssement commandant le 158ᵉ, saisissant toute l'importance de l'action qui lui était confiée, y apporta sa coutumière énergie et son expérience ; il réussit pleinement. Nous reprîmes ainsi Munichof, Walscheid et Saint-Léon avec la majeure partie des pièces perdues. Le combat dans les bois de Kysthal-Thomasthal fut très chaud, l'ennemi y laissa de nombreux cadavres et nous abandonna des prisonniers qui ne dissimulaient pas leur impression d'avoir été complètement battus. En définitive, cette contre-attaque du général Pillot et des unités du 21e C. A. sous ses ordres fut un succès local complet donnant à ceux qui l'avaient obtenu toute confiance pour sa poursuite ultérieure si des renforts pouvaient être envoyés. Malheureusement, j'avais engagé ma dernière réserve et l'armée n'en avait plus.

Sur notre gauche, les affaires allaient moins bien, la 86e brigade violemment canonnée par l'artillerie lourde devait abandonner Vallerystahl suivant le mouvement du corps d'armée voisin. En outre, des éléments dissociés de la brigade coloniale filtrant à travers bois refluaient jusqu'aux abords de la Valette où j'avais mon P. C. Ils furent aisément remis en ordre par mon état-major. Notre front à gauche se repliait en définitive sur la croupe entre Bièvre et Sarre. Il était évident que, faute de réserves, nous ne pouvions exploiter le succès de la 85e brigade et assurer notre débouché en direction de Haarberg. Nous recevions dans la soirée ordre : 1o de nous fortifier sur le front la Valette, Eigenthal, Soldatenkopf ; cette mission incomba aux troupes sous les ordres du général Pillot : 85e brigade, 17e et 31e bataillons de C. P. ; 2o de chercher une position de repli sur la rive gauche de la Sarre au sud de Kysthahl et à Lettembach.

Pour la journée du 21, je portai mon P. C. sur la croupe au nord de Vasperviller, de laquelle j'embrassai tout l'intérieur de la position sur la rive droite de la Sarre. Les corps de la 86ᵉ brigade rassemblés autour de Vasperviller accusaient une fatigue bien légitime, la brigade coloniale vers Lettenbach était dans le même état. L'ennemi reprit son attaque de bonne heure et la prépara par un tir d'artillerie lourde à l'effet duquel nos hommes étaient encore sensibles. Néanmoins le moral du 21ᵉ C. A. restait très élevé, le succès remporté la veille par la 85ᵉ brigade nous prouvait que nous étions toujours de taille à refouler l'ennemi. Il eût suffi de quarante-huit heures de repos pour rendre à nos unités leur pleine valeur ; malheureusement, ce répit nous était refusé.

Les événements survenus à la gauche de l'armée et plus encore sans doute à la 2ᵉ armée obligeaient le commandant de la 1ʳᵉ armée à ordonner le repli général de ses troupes. Par un ordre en date du 20 août, 23 heures, parvenu au C. A. le 21 à 6 h. 30, il prescrivait de préparer ce repli en portant sur la rive gauche de la Meurthe les parcs et convois et même une partie des trains régimentaires.

Je fis en conséquence diriger la brigade coloniale sur Saint-Quirin avec ordre d'y fortifier le mamelon au sud de cette localité. De là on enfile la vallée assez encaissée suivie par la route Vasperviller-Saint-Quirin que devaient emprunter la majeure partie des troupes du 21ᵉ C. A. La brigade coloniale couvrait ainsi le mouvement du corps d'armée qui s'exécutait par Saint-Quirin sur Turquestin, Val et Châtillon pour les troupes à pied, sur la ferme Saint-Michel, Lafrimbole et Cirey pour les voitures.

Le mouvement commença par la 86e brigade et j'avoue n'avoir pas été sans préoccupation en pensant aux difficultés qui pourraient surgir si l'ennemi dirigeait le tir de ses grosses pièces sur cette artère Vasperviller-Saint-Quirin constituant un véritable défilé. Cette éventualité ne se réalisa pas, rien ne vint troubler la marche des divers éléments jusqu'à Saint-Quirin. Cet heureux résultat était la conséquence du succès obtenu la veille par la 85e brigade qui se maintint jusqu'après midi sur la rive nord de la Sarre et exécuta son repli lentement, avec méthode, tel que le doivent faire des troupes et un chef qui s'attendaient à se porter en avant.

J'avais par ailleurs entièrement assuré la sécurité du mouvement au delà de Saint-Quirin en installant la brigade coloniale sur la position de repli que je lui avais fait préparer et occuper. L'ennemi ne nous suivit pas.

En fin de journée du 21, le 43e D. I. et l'A. C. occupaient Petit-Mont, Val et Châtillon, le Q. G. du C. A. à Badonviller ; la brigade coloniale ne rejoignit ses cantonnements de Parux, Bréménil, que le 22 au matin, le besoin de repos était manifesté chez tous (1).

(1) C'est dans cette journée que fut tué le brave commandant Reneaud du 8e bataillon de chasseurs.

A notre gauche, le 13ᵉ C. A. poussait jusqu'aux hauteurs situées sur la rive gauche de la Blette ; à droite la 13ᵉ D. I., toujours aux ordres du 14ᵉ C. A., échouait dans ses tentatives pour reprendre le Fallenberg, perdait la position du Donon et devait se replier sur la tête de la vallée de la Plaine. J'ai dit plus haut comment avait été fortifié le Donon dont la défense était confiée à un chef de réelle valeur, le général Barbade ; je ne connais pas encore à l'heure présente de façon certaine les conditions dans lesquelles eut lieu le repli de nos troupes en ce point. L'extrait des notes du lieutenant Cartier-Bresson qu'on trouvera en fin de chapitre donnerait à penser que la retraite de la 13ᵉ division aurait été ordonnée en exécution de l'ordre général de l'armée.

J'ai signalé déjà que, malgré leur état de fatigue, les troupes du 21ᵉ C. A. gardaient un moral excellent et tant pour les confirmer dans cette disposition que pour obliger l'ennemi à se montrer circonspect, j'avais ordonné à la 43ᵉ D. I. de dessiner un mouvement offensif sur le bois de la Tour et le haut de la Tour, lorsque j'appris que le 13ᵉ C. A. poursuivait son mouvement de retraite sur la rive gauche de la Meurthe La 85ᵉ brigade bivouaquée à l'est de Val et Châtillon était en butte à un tir de grosses pièces. On me signalait la présence d'une colonne ennemie en marche de Bertrambois sur Cirey. Afin de ne pas me trouver trop en flèche sur le front de l'armée, je reportais la 43e D. I. sur le front Parux, bois de Quimont. Je renonçai à l'offensive projetée.

La 13e D. I., poursuivant son repli dans la vallée de la Plaine, avait gagné Vexaincourt.

Ainsi se passa sans engagement la journée du 22 août qui fut un repos relatif. Son début avait été marqué par un incident heureux : un zeppelin étant venu survoler Badonviller, où se trouvait le Q. G., et y jeter quelques bombes sans effet, avait été atteint par le tir des pièces de la section de réparation de 75 (lieutenant Quiquandon). Il allait s'effondrer dans la vallée de la Plaine où l'on fut en recueillir les restes et s'emparer plus tard de son équipage. Ce zeppelin était le premier tombant entre les mains de l'armée française, ses débris figurent aux Invalides non loin du drapeau pris à Saint-Blaise.

Le 23 août, je reçus avis que le 13e C. A. poursuivait son mouvement sur Rambervillers et ordre du 21e C. A. d'opérer un changement de front pour protéger le mouvement de repli de l'armée et lui permettre de reprendre éventuellement l'offensive. Je devais à cet effet tenir le front Baccarat, Badonviller, Celles et la crête du Grand-Brocard. La 13e D. I. m'était rendue et, conservant la brigade coloniale, j'avais en outre sous mes ordres la 49e brigade du 13e C. A. établie à Baccarat.

Je choisis comme position principale [ordre général n° 24 (1)] la ligne de hauteurs entre Blette et Verdurette que j'avais eu occasion d'étudier autrefois dans des manœuvres de cadres et j'en confiais l'organisation et la défense éventuelle au général Lanquetot (43ᵉ D. I. et brigade coloniale), de Baccarat à Badonviller. A droite la 13ᵉ D. I. tiendrait

(1) P. C. de Badonviller, 23 août 1914, 4 h. 45.

ORDRE GÉNÉRAL D'OPÉRATIONS N° 24
pour la journée du 23 août.

I. — Voir ordre préparatoire n° 146 pour la journée du 23 août.

II. — Mesures d'exécution :

Le général Lanquetot, prenant sous ses ordres la 43ᵉ division, la brigade coloniale et un escadron du 4ᵉ chasseurs, sera chargé de l'organisation de la défense du front Baccarat, Badonviller.

Le général commandant la 13ᵉ division avec un escadron du 4ᵉ chasseurs (rendu à Celles à 5 heures), du front Badonviller (exclus) à la crête du Grand-Brocard.

Le général commandant la brigade mixte du 13ᵉ C. A. (49ᵉ brigade 2 Gr. A. C. 13) avec un escadron du 3ᵉ chasseurs, du front Baccarat (inclus), lisière nord du grand bois de Glonville.

En réserve à la disposition du général commandant le 21ᵉ C. A. : 109ᵉ et 149ᵉ régiments d'infanterie, 61ᵉ bataillon de chasseurs, 3 gr. A. C. 21 rendus à Neufmaisons à 7 heures.

Quatre escadrons du 4ᵉ chasseurs et trois escadrons du 3ᵉ chasseurs, rassemblés à Montigny sous le commandement du plus ancien colonel.

III. — La cavalerie sera chargée d'explorer en avant du front sur la ligne de la Vezouze en prenant appui sur les détachements de la ligne d'avant-postes.

Enverra des reconnaissances sur Cirey, Blamont, Avri-

de ce dernier point à la crête du Brocard ; à gauche, la 49ᵉ brigade occuperait Baccarat et sur la rive gauche de la Meurthe la crête des bois de Glonville. Je faisais organiser un repli à Neufmaisons et je dirigeais la réserve d'infanterie du C. A. ainsi que les compagnies du

court, Orgeviller et dans la vallée de la Meurthe aval.

IV. — Mission du corps d'armée.

13ᵉ *division* maintiendra le barrage de la vallée de la Plaine.

Assurera la liaison avec la 43ᵉ division.

Ne découvrira les débouchés de Pierre-Percée (2 kilomètres nord de Celles) que sur un ordre formel.

Groupement du général Lanquetot organisera solidement la ligne de défense et ses avancées constituées par la ligne des A. P.

S'assurera la possession de la crête entre Blette et Verdurette et des hauteurs nord de Gelacourt.

Renforcera cette ligne de défense par l'établissement de batteries en caponnière, de manière à battre tous les couloirs débouchant sur la position.

Fera un large emploi de la fortification.

Brigade mixte du 13ᵉ *C. A.* procédera à l'organisation défensive de la lisière nord du grand bois de Glonville.

L'organisation des abords de Baccarat sur la rive droite de la Meurthe devra assurer la protection des points de passage de cette rivière.

Celle de la rive gauche devra, par contre, permettre de battre la route Merviller-Baccarat.

Les deux régiments d'infanterie et le 61ᵉ bataillon de chasseurs, réserve du C. A. placés à Neufmaisons sous les ordres du général commandant la 85ᵉ brigade procéderont à l'organisation défensive aux abords de cette localité des hauteurs de la rive droite de la Verdurette et des lisières de bois de la rive gauche.

Le général commandant l'artillerie fera reconnaître les

génie de corps sur Thiaville et Raon-l'Étape pour préparer la défense des passages de la Meurthe sous la direction du colonel commandant le génie.

Les mouvements préparatoires à ces diverses mesures s'exécutèrent dans la matinée, mais au lieu d'avoir à se fortifier d'abord sur la po-

emplacements de batterie à utiliser, le cas échéant, au sud de la Verdurette.

Le lieutenant-colonel commandant le génie du 21ᵉ C. A. aura sous ses ordres les 57ᵉ et 60ᵉ bataillons de chasseurs et les compagnies de génie de corps (rendus à Raon-l'Étape pour 8 heures).

Il a pour mission d'assurer la défense des abords immédiats des ponts de Raon-l'Étape et de Thiaville et d'étudier l'organisation du point d'appui de Neufmaisons.

23 août 1914.

ORDRE GÉNÉRAL Nº 24

Tandis que l'armée va prendre des dispositions nouvelles d'où elle repartira pour l'offensive décisive, le 21ᵉ C. A., la brigade coloniale et la brigade mixte du 13ᵉ corps placées sous mon commandement reçoivent le grand honneur de couvrir son mouvement.

Nous saurons nous en montrer dignes et nous serons à la hauteur de la mission qui nous est confiée.

Que la ténacité du fantassin dans la marche en avant comme dans la défense des positions, l'ardeur du cavalier, l'habileté de l'artilleur, le courage de tous soient exaltés au suprême degré.

Nous répondrons à la confiance que nous témoigne notre chef en lui préparant la victoire et nous servirons la patrie, pour laquelle chacun de nous a fait le sacrifice de sa vie.

Nous aurons le succès.

sition qui lui était assignée, le général Lanquetot eut à soutenir une série d'attaques des Allemands dirigées de Blamont sur Montigny, de Cirey sur Neuviller, de Petit-Mont sur Badonviller.

La lutte fut particulièrement vive aux abords de Montigny que défendit la brigade coloniale et fut marquée par des alternatives d'avance et de recul. A droite, la 86ᵉ brigade dut céder le bois de Saint-Maurice, mais, en fin de journée, nous tenions le front Brouville, Pexonne, Badonviller, Celles. J'avais l'impression très nette d'avoir contenu avec succès l'effort ennemi, puisque je conservais une large tête de pont sur la rive droite de la Meurthe et gardais le front qui m'avait été assigné. En arrière de ce front, le repli de Neufmaisons, quoique atteint par le tir de l'artillerie lourde, conservait toute sa valeur et je m'étais assuré des points de passage sur la Meurthe. Je songeais à profiter de ce succès défensif pour passer à l'offensive à mon tour et, à cet effet, en fin de journée, j'appelai vers Pierre-Percée la 25ᵉ brigade (Barbade) dans l'intention de prononcer le lendemain une contre-attaque sur l'ennemi. Je gagnai donc Raon-l'Étape vers 9 heures du soir avec l'impression d'une journée dure mais heureuse, présage d'un succès plus complet pour la suite. Mon ordre d'opérations n° 26, signé le 23 août à minuit, reflète cet état d'esprit et prévoit les mesures qui me paraissaient propres à assurer une issue favorable à la lutte du lendemain (1).

Cet espoir devait être de courte durée. Vers une heure du matin, on m'apprenait que la 13ᵉ division, à Celles, avait dû abandonner ce point capital pour le maintien des liaisons entre mes deux divisions, son chef m'annonçait qu'il devait se replier en direction de Raon-l'Étape.

(1)   Q. G., Raon-l'Étape, le 23 août 1914, 24 heures.

ORDRE GÉNÉRAL D'OPÉRATIONS Nº 26
pour la journée du 24 août.

I. — La lutte engagée aujourd'hui sur la position de Baccarat-Badonviller s'est terminée à notre avantage, et le 21ᵉ C. A. ainsi que les unités qui lui sont adjointes conservent leurs positions.

II. — Ces unités restant affectées aux secteurs désignés dans l'ordre d'opérations nº 24 en date d'hier, 23 août, se prépareront dès 5 heures à reprendre la lutte et à poursuivre l'organisation défensive de la position.

Il importe notamment que la brigade du 13ᵉ C. A. renforce la défense du pont de Baccarat et que la brigade coloniale s'établisse solidement dans Merviller.

Vers la droite, le détachement du général Barbade restant en liaison à la fois avec la 43ᵉ division et avec le détachement du colonel Hamon dans la vallée de la Plaine, se disposera à prêter son concours à celui des deux qui serait pressé par l'ennemi.

III. — Les avants-postes seront autant que possible maintenus sur le front indiqué dans l'ordre d'opérations nº 24 en date du 23 août.

IV. — Les fractions de cavalerie affectées à la 43ᵉ division, ainsi qu'aux brigades du 13ᵉ C. A. et coloniale, maintiendront le contact sur tout le front.

V. — Le groupe des 3ᵉ et 4ᵉ régiments de chasseurs

Je fus douloureusement surpris par ce contre-
temps. Mon souvenir, comme celui de mes officiers que j'ai pu recueillir, est très net sur ce point :
la 13e division me rend compte que l'ennemi s'est
emparé de Celles par une attaque de nuit. Aussi
suis-je surpris de trouver dans les ouvrages histo-
riques qui se sont documentés au carnet de notes
laissé par le colonel Hamon (1), commandant la
26e brigade, l'indication d'une lutte qui s'est poursuivie dans le village de Celles le 24 au matin et
d'où l'on pourrait conclure que la 13e D. I. n'avait
pas entièrement perdu ce point, dans la nuit du
23 au 24. Au reçu du compte rendu du **général**
Bourderiat, j'ai dû certainement ordonner à mon
état-major d'aller voir sur place la situation des
troupes. Malheureusement, je n'ai pu retrouver
l'officier dont j'ignore le nom qui a dû se porter
auprès de la 13e D. I., de sorte qu'il m'est impossible de préciser ce point fort important. Il n'est
pas invraisemblable d'admettre qu'après avoir **cédé**
devant la surprise ennemie, les troupes du colonel

dirigera des reconnaissances sur : Raon-sur-Plaine, Bla-
mont-Cirey, Ogeviller, la Meurthe en aval.

Les comptes rendus adressés directement au poste de
commandement à Neufmaisons.

. . . .

Pour ampliation :   Le général commandant le 21e C. A.,
Le chef d'état-major.   *Signé :* **LEGRAND**.
   DE BOISSOUDY.

(1) M. Gabriel Hanotaux, général Palat.

Hamon aient été remises en main et aient regagné une partie du terrain perdu. Toutefois l'état de cette unité qui, depuis le 18 août, était sans cesse refoulée par l'ennemi n'atteignait peut-être pas le niveau élevé des autres troupes du 21ᵉ corps.

Le succès de l'opération que je projetais pour le 24, contre-attaque par ma droite en partant de Pierre-Percée, Badonviller, reposait entièrement sur le maintien inébranlable du front que j'occupais dans la vallée de la Plaine. Que ce front fût à Celles ou plus ou moins en aval, il avait cessé de me donner la résistance indispensable pour servir de pivot et dans ces conditions mon projet devenait non seulement très hasardeux, mais pouvait aboutir à un échec grave de conséquences. Je dus y renoncer.

La retraite du 21ᵉ C. A. sur la rive gauche de la Meurthe devenait inévitable et le général commandant l'armée l'ordonnait.

Voici comment en fut assurée l'exécution le 24. La 13ᵉ division eut ordre d'établir un barrage dans la vallée de la Plaine à hauteur de la Tronche, position bien connue de nos troupes en temps de paix, avec une flanc-garde à Chavre (cote 381) à l'est de Raon-l'Étape. Elle disposait du pont de Raon-l'Étape.

La 43ᵉ D. I. suivie de la brigade Barbade se dirigeait sur Thiaville sous la protection du repli de Neufmaisons en utilisant les routes Neuf-maisons, Thiaville et Veney, Bertrichamp. La brigade coloniale ainsi que les éléments de la 49e brigade restés sur la rive droite de la Meurthe passeraient la rivière à Baccarat.

Mesures étaient prises pour occuper des positions de barrage sur la rive gauche de la Meurthe à hauteur des points de passage ; ainsi le **général Pillot** qui tenait l'arrière-garde de la 43e D. I. occupa en arrière de Thiaville la crête au sud-ouest de Fagnoux avec environ trois bataillons et une batterie ; les ponts devaient être tenus par le 17e R. I. qui, malheureusement, ne fut pas placé sous ses ordres. Plus au sud, le débouché de Raon-l'Étape et de la vallée de la Plaine était battu par la position de la Haute-Neuveville où j'établis mon P. C.

Le mouvement de repli commença assez tard dans la matinée et s'exécuta dans le plus grand ordre. Il n'était pas sans offrir de réelles difficultés au travers de la forêt du Reclos, mais fort heureusement le 21e C. A. se trouvait sur un terrain qui lui était familier, dont les chefs connaissaient la valeur défensive et les moyens de communication. A droite, nous gardâmes les ponts de Raon et de Thiaville. A l'aile gauche, la résistance fut moins heureuse et nous perdîmes Baccarat où l'ennemi commit des atrocités.

Il est bon de rappeler aussi que nos troupes combattant à Raon-l'Étape et à Thiaville eurent devant elles la brigade Stenger dont le chef a donné l'ordre abominable de ne pas faire de prisonniers, ordre que ses subordonnés ont exécuté.

Dans la journée, l'armée prescrivit au 21ᵉ C. A. de se maintenir à tout prix sur la ligne de la Meurthe pour étayer l'offensive que les 8ᵉ et 13ᵉ C. A. dirigeraient dans le flanc des colonnes ennemies qui attaquaient la 2ᵉ armée.

En conséquence, la 13ᵉ D. I. à droite dut tenir le front Étival-Thiaville ; la 43ᵉ D. I. à gauche, renforcée de la brigade du 13ᵉ corps, celui de Thiaville à Baccarat. La brigade coloniale en réserve à Mesnil-sur-Belvitte. Le Q. G. était porté à Saint-Benoît.

Tandis que le 21ᵉ corps soutenait dans les conditions qu'on vient de décrire les efforts d'un ennemi supérieur et résistait de son mieux tout en cédant du terrain, les événements prenaient une tournure plus favorable devant la 2ᵉ armée et permettaient à la gauche de la 1ʳᵉ de coopérer avec succès à la bataille de la trouée de Charmes. En conséquence, la 1ʳᵉ armée prescrivait en fin de journée du 24, au 21ᵉ C. A., non plus seulement de tenir le front de la Meurthe sur la rive gauche, mais d'attaquer sur ce même front. Son action devait se lier à celle qu'engagerait le 14ᵉ C. A. sur la rive droite de la Meurthe, partant de Moyenmoutier pour atteindre la vallée de la Plaine.

La conception du commandant de la 1ʳᵉ armée était juste mais son exécution en ce qui concerne le rôle dévolu au 21ᵉ C. A. était vraiment difficile. Ce corps d'armée venait de repasser la Meurthe ; à sa droite, la 13e D. I. ne cessait de reculer depuis le Donon. Son centre qui avait bien tenu dans la journée du 23 sur la rive droite exécutait le 24 une marche difficile à travers bois pour se porter sur la rive gauche. Sa gauche enfin, composée d'éléments appartenant à d'autres corps, avait dû non seulement céder au nord de Baccarat le terrain qu'elle avait victorieusement gardé le 23, mais encore avait perdu la localité et ses ponts.

Toutes ces unités soumises à des efforts incessants depuis le début des opérations avaient subi des pertes élevées et accusaient des marques de fatigue. On leur demandait de reprendre de haute lutte le terrain qu'on leur avait fait abandonner la veille sans que les motifs très judicieux cependant de ce contre-ordre apparent leur fussent suffisamment expliqués. Les ordres d'opérations parlaient bien d'un succès remporté à la 2e armée, mais ce succès ne se manifestait pas pour nos troupes par des conséquences tangibles. L'état physique et la disposition des esprits n'étaient donc pas adéquats à l'effort considérable que représentait le franchissement de vive force d'une vallée formant obstacle sérieux qu'on venait précisément de traverser la veille, en retraite. Pour assurer le succès de cette difficile opération, il eût fallu que le corps d'armée opérant sur la rive droite de la Meurthe et dont l'action devait se combiner avec celle du 21e C. A. obtînt un résultat décisif ou que les forces ennemies fussent moins nombreuses. Ni l'une ni l'autre de ces deux conditions ne devaient malheureusement se réaliser, ainsi s'explique l'issue des opérations du 21ᵉ C. A. dans la journée du 25 août.

Les ordres donnés prescrivaient à la 13ᵉ division, à droite, de se saisir, dès l'aube, de Raon-l'Étape et de pousser du front Thiaville-Raon sur Neufmaisons.

A la 43ᵉ division, renforcée de la brigade du 13ᵉ corps, d'attaquer dans l'axe Mesnil-sur-Belvitte, Baccarat et de prendre pour objectif la hauteur de Criviller au nord de la localité. Cette attaque me paraissant la plus importante pour la liaison à assurer avec les corps d'armée de gauche, je portai mon P. C. de bon matin au bois de la Rappe, au sud-ouest de Baccarat.

L'ennemi déboucha de son côté par Baccarat et arrêta net l'offensive que nous dirigions sur ce point, son artillerie arrosait fortement les grands bois de Glonville et le bois de la Rappe, je dus me reporter en arrière de ces bois et engager une partie de ma réserve pour soutenir ma gauche qui cédait du terrain. Le bataillon de C. P. de réserve qui me flanc-gardait à Bazien avait dû notamment abandonner cette localité.

A droite, l'action de la 13ᵉ D. I. sur Raon et Thiaville non soutenue sur la rive droite de la Meurthe ne fut pas plus heureuse, nous perdîmes ces ponts, celui de Thiaville n'ayant pas été défendu par le 17e R. I. avec la ténacité qu'on devait espérer. L'ennemi put gagner la Haute-Neuveville et coupa ainsi les communications des unités appartenant aux 20e et 21e bataillons de C. P. qui tenaient à Raon, celles-ci durent opérer un mouvement très dangereux pour se faire jour au travers l'ennemi et gagner le couvert du bois. Le commandant Rauch du 21e bataillon se distingua dans cette occasion.

L'infiltration de l'ennemi par le pont de Thiaville eut pour effet de rendre un moment fort périlleuse la situation du détachement de Fagnoux aux ordres du général Pillot ; un parti ennemi apparut tout à coup sur le flanc droit de la batterie postée vers la cote 322 (1 kilomètre sud-ouest de Fagnoux). Avec un sang-froid remarquable, le commandant de batterie fit déboucher à zéro et anéantit l'adversaire. Mais la menace se faisant également sentir de gauche, le détachement dut battre en retraite et vint s'établir sur la crête 376 à la croisée des chemins qui, venant de Thiaville, se dirigent sur Sainte-Barbe d'une part, Saint-Benoît de l'autre.

Le terrain sur lequel se développait l'action du 21e C. A. est presque entièrement boisé si l'on en excepte la grande clairière Bazien, Sainte-Barbe, Mesnil-sur-Belvitte. Les bois ne sont sillonnés que d'un petit nombre de chemins carrossables qui tous aboutissent à la rivière ; deux seules transversales les réunissent : celle de Sainte-

Barbe, la Chipotte et de Mesnil-sur-Belvitte à Saint-Benoît. On conçoit combien pouvait être malaisée dans ces conditions la direction du combat.

J'engageai pour soutenir la 43ᵉ division et la 49ᵉ brigade toutes les réserves dont je disposais, mais je ne réussis pas à arrêter l'offensive ennemie en avant d'Anglemont malgré mes efforts personnels. J'avais dû porter la brigade coloniale en soutien de la 13ᵉ division qui, au travers la forêt de Sainte-Barbe et le bois de Répi, se repliait sur la Chipotte, nœud de communications fort important autour duquel la lutte devait se stabiliser pendant de longues journées. Le détachement Pillot au centre voyait refluer en assez grand nombre des troupes venant de Sainte-Barbe, il se reliait difficilement à droite avec celles qui tenaient à la Chipotte, il dut se reporter en arrière sur la crête 423 au nord de Saint-Benoît d'où ses communications étaient mieux assurées.

Je maintins mon P. C. à Saint-Benoît où je voyais arriver de nombreux blessés qui attestaient combien la lutte était dure, on y apportait mourant le brave commandant Éveno du 10ᵒ bataillon de C. P. Ainsi s'acheva une journée qui contrastait durement avec celles où jusqu'alors le 21ᵉ C. A. avait été engagé.

La situation des diverses unités était confuse et malaisée à définir en raison des nombreux couverts boisés et de la difficulté des communications, certains éléments cédant à la fatigue et au besoin d'un repos nécessaire avaient gagné jusqu'à Rambervillers pour y trouver un cantonnement. Je dus à la nuit noire me rendre en personne dans cette localité pour rameuter ces égarés auxquels il suffit d'indiquer un point de ralliement pour qu'ils vinssent s'y reformer. Le lendemain 26 au matin, tout le monde avait rejoint autour de Bru.

Cette journée du 25, qui, pour l'ensemble des 1re et 2e armées, est une date glorieuse, puisqu'elle marque l'arrêt de l'ennemi et son refoulement ultérieur en direction de Lunéville, fut dure pour le 21e corps d'armée (1) qui n'eut pas l'impression

---

(1) J'ai dit plus haut que parmi les troupes opposées au 21e corps se trouvait la brigade Stenger dont le chef aurait dû répondre des actes de cruauté qu'il a ordonnés. Au cours de la parodie de justice qui s'est déroulée à Leipzig en juillet 1921, cet officier général, pour justifier sa conduite, aurait prétendu que, dans la forêt de Sainte-Barbe, les Alpins embusqués dans les arbres avec des mitrailleuses avaient tiré dans le dos des Allemands. Il sera permis de remarquer que si le fait était exact, il ne constituerait aucune violation des usages de la guerre susceptible de motiver des représailles, mais l'assertion est erronée de point en point : d'abord, parce qu'en août 1914, nous n'avions que deux mitrailleuses par bataillon et que ce nombre était trop peu considérable pour nous permettre d'exposer ainsi de précieux engins ; ensuite, parce que nos mitrailleuses d'alors, montées sur trépied, exigeaient deux servants qui eussent difficilement trouvé à s'installer dans un arbre même de belles dimensions ; enfin, parce qu'à moins d'avoir été longuement préparé à l'avance, ce qui était impossible dans les conditions de la lutte du 25 août, l'approvisionnement de bas en haut d'une pièce aussi dévorante en munitions que la mitrailleuse est irréalisable. J'ajouterai enfin que le 25 août dans la forêt de Sainte-Barbe, il n'existait aucune troupe alpine.

d'avoir pris sa part des succès de ses voisins de gauche. Il y a sans doute contribué cependant en attirant et retenant devant lui une partie des forces ennemies, mais le soir du 25, rien ne lui permettait de s'en rendre compte car aucune nouvelle ne lui parvenait de la bataille de la trouée de Charmes.

EXTRAIT DES NOTES DU LIEUTENANT CARTIER-BRESSON

La 13ᵉ division dans la Bruche a été refoulée le 18 août sur le front Rüss-Herbach, elle y est attaquée le 19 et contrainte à se replier sur Schirmeck.

20 *août*. — La 13ᵉ division est donc concentrée autour du Donon prête à le défendre jusqu'au bout. Le travail des tranchées a été repris hier avec fièvre ; nous avons accumulé les défenses accessoires et avons reçu des projecteurs électriques en vue d'une attaque de nuit. Le moral des troupes, malgré les échecs de la veille, est excellent ; les optimistes nous annoncent même l'entrée en ligne imminente du 14ᵉ corps qui doit prendre nos assaillants de flanc et les déborder par le sud. Mais de toute la journée, nous n'aurons pas de nouvelles de nos amis ; leur présence se manifeste seulement par une vague canonnade. Dans la soirée, nos avant-postes sont obligés d'évacuer Grandfontaine et un combat assez vif se livre au pied du petit Donon. La nuit est tragique au milieu du crépitement de la fusillade ; une tentative d'attaque de nuit est repoussée ; tout le monde est à son poste, les chevaux attelés et vers minuit seulement nous osons prendre quelque repos

Le 21 août, l'attaque des Allemands se dessine par l'est et le sud-est; leur artillerie lourde a pu s'établir

sur la crête de Fréconrupt (sud-est de Grandfontaine) et balaie de ses feux la plate-forme du petit Donon sur laquelle le 62ᵉ d'artillerie doit se mettre en batterie. Malgré la violence du feu ennemi, nos artilleurs, aussi calmes qu'à la manœuvre, viennent prendre position et réussissent à éteindre le feu ennemi.

Pendant que notre artillerie, au prix de pertes sérieuses, a remporté ce brillant succès, l'attaque ennemie partie de Grandfontaine a complètement échoué ; mais un combat acharné se livre au petit Donon ; les colonnes ennemies débouchant du fond de la vallée de Wisch ont pris pied dans nos tranchées de la hauteur. Le 21ᵉ chasseurs entame une furieuse contre-attaque. Après plusieurs heures de combat et au prix de lourdes pertes, car les Allemands emploient déjà tous les procédés de la guerre de siège, fils de fer et grenades à main, nous restons maîtres du terrain.

Vers 10 heures, les Alpins du 14ᵉ corps font leur apparition sur le plateau de Salm et enlèvent les pièces allemandes que nous venons de démonter. La canonnade fait rage vers Rothau ; nous apprenons que les Allemands ont évacué la vallée de Grandfontaine ; nous sommes tous persuadés que nous tenons la victoire.

Néanmoins, la 13ᵉ division reçoit l'ordre d'abandonner le Donon qu'elle avait su défendre au prix d'héroïques sacrifices, en exécution des dispositions générales de retraite données à la 1ʳᵉ armée.

La 13ᵉ division qui n'est plus inquiétée par l'ennemi se replie en bon ordre et redescend tristement sur les villages de la haute vallée de Celles, ne laissant au col que deux bataillons.

22 août. — On nous annonce une journée de repos, elle est la bienvenue car depuis huit jours nous étions au bivouac... Une avant-garde allemande, trouvant inoccupé le col que nos derniers contingents ont évacué cette nuit, pousse vers Raon-sur-Plaine. Bientôt le canon tonne ; notre 3ᵉ groupe effectue un barrage sur les lisières dominant le village. Du parc où nous sommes rassemblés, nous apercevons l'incendie de la gare où l'intendance détruit les approvisionnements de vivres qui y étaient emmagasinés... En même temps, parvient à notre division l'ordre de se replier vers Celles en évitant tout combat sérieux. Cet ordre est resté pour moi énigmatique ; en reculant, nous découvrions la gauche du 14ᵉ corps qui recevait pendant ce temps l'ordre de tenir les passages de la Haute-Bruche.

Le lieutenant Cartier-Bresson exprime ici son étonnement et son regret de voir abandonner sans combat le massif boisé de la Haute-Plaine qui offrait de sérieuses ressources à un défenseur et constituait un point d'appui pour les opérations sur la rive droite de la Meurthe.

Nous abandonnons lentement Raon-sur-Plaine et Ruvigny. Nos batteries occupent plusieurs positions de repli d'où elles font payer à l'ennemi son avance ; elles soutiennent même vers le soir un heureux combat d'arrière-garde à Vexaincourt ; ce village ainsi qu'Allarmont sont évacués dans la soirée et la division qui n'est plus inquiétée se concentre à Celles. C'est pour moi un immense chagrin de songer qu'il faudra sans doute abandonner presque sans combat ce qui nous reste encore de ma chère vallée... Le soir, je cantonnai de nouveau chez mon père.

23 *août.* — Notre division (1) reçoit l'ordre d'opérer une contre-offensive dans la région de Badonviller

(1) Il y a ici une légère erreur très excusable, c'est seulement

qui vient d'être pris par les Allemands. Adieu donc
la défense de Celles, on n'y laisse comme garnison
que le 21e d'infanterie, deux bataillons de chasseurs
de réserve tenant les crêtes sud et le 3e groupe du 62e.

L'attaque doit s'opérer de la manière suivante :
le 17e d'infanterie débouchera par le sud des bois de
Pierre-Percée, appuyé par le 1er et le 2e groupe du 62e ;
trois bataillons de chasseurs (17e, 20e et 21e) débouche-
ront de la Chapelotte et attaqueront le village par
l'est ; pendant ce temps, la 43e D. I., à laquelle nous
avons envoyé en renfort le 109e d'infanterie (1),
prononcera son effort sur Fenneviller et dans les bois à
l'ouest de Badonviller...

A 3 heures, nos batteries se mettent en marche ; à
ce moment, le 3e groupe bombarde Allarmont dont
une colonne allemande essaye de déboucher. Ce fait
nous laisse une certaine inquiétude, mais on nous parle
d'un effet de surprise sur l'ennemi et nous ne doutons
pas du succès de notre manœuvre. Nous rejoignons
le 17e d'infanterie au-dessus de Pierre-Percée ; de là,
par la route de Badonviller, nous avançons lentement,
tandis que la grosse artillerie bombarde, à un kilomètre
à notre droite, le col de la Chapelotte.

Les deux groupes se séparent à trois kilomètres
de Pierre-Percée, le mien prend vers la gauche un
mauvais chemin de bois, tortueux et défoncé ; nous
devons nous mettre en batterie à la sortie des bois au
sud-est de Fenneviller, à la ferme de la Combelle ;
le premier groupe doit se porter au débouché de la
route que nous suivons ; ces deux positions permettront
de croiser nos feux sur Badonviller et sur les hauteurs

la 25e brigade et deux groupes d'artillerie qui sont appelés à soutenir l'action de la 43e D. I. (N. de l'E.)

(1) Je crois que l'indication relative au 109e est inexacte, car
ce régiment appartenant à la 26e brigade devait être maintenu
dans la vallée de la Plaine. (N. de l'E.)

au nord, elles sont toutefois très risquées et notre attaque échoue. Notre marche jusqu'ici s'est faite avec de nombreux à-coups ; par suite des ordres, contre-ordres, hésitations et lenteurs du chef de l'artillerie de notre détachement, nous ne sommes pas en batterie au moment de l'attaque de l'infanterie et nous ne pouvons la soutenir. Le résultat est que le 17ᵉ d'infanterie qui forme le centre du détachement ne peut progresser suffisamment sur l'éperon qui domine Badonviller ; une contre-attaque allemande monte par le ravin qui longe cet éperon, pénètre même entre deux de ses bataillons, entraîne le repli des régiments et découvre nos batteries...

Des éclaireurs ennemis tirent même sur l'artillerie au travers des taillis, néanmoins le 2ᵉ groupe débouche vers 6 h. et demie sur les pentes de Fenneviller et ouvre un feu violent sur les hauteurs au nord de Badonviller. Le 1ᵉʳ groupe a été moins heureux et, menacé par l'infanterie ennemie, a fait demi-tour sans pouvoir tirer.

...Les bataillons de chasseurs venant de la Chapelotte étaient parvenus à prendre pied dans la partie est du village (Badonviller). Quant à la 43ᵉ division, elle avait par une brillante attaque de son aile droite enlevé Fenneviller. Le 10ᵉ bataillon de chasseurs s'était avancé au chant de la *Sidi-Brahim* à un kilomètre encore plus au nord. Les deux lignes française et allemande se trouvaient donc enchevêtrées, les Allemands avaient pénétré loin dans les bois au sud de Badonviller.

A la nuit, vers 9 heures, le 2ᵉ groupe, qui, après s'être mis en liaison avec le 10ᵉ bataillon de C. P., s'est retiré au sud de son emplacement de batterie, est l'objet d'une attaque ennemie sortant des bois. Il s'apprête à une défense héroïque, officiers et hommes ont le revolver ou le mousqueton en main, prêts à vendre chèrement leur vie...

A ce moment, devant nous, la charge française retentit, les compagnies de droite du 10e bataillon de chasseurs se précipitent sur l'ennemi avec une immense clameur. Depuis cette nuit émouvante, je ne peux plus voir un chasseur à pied sans avoir envie de l'embrasser.

Malgré ce succès qui semblait assurer la sécurité du groupe, le commandant Pajot juge nécessaire de ramener son unité dans la vallée de Celles, il confie la mission de le diriger au lieutenant Cartier-Bresson, tout désigné par sa connaissance du pays. Le 1er groupe du 62e suit le 2e. Mais sur l'avis qui lui est donné que les Allemands sont dans les bois qui le séparent de la vallée de la Plaine, le lieutenant Cartier-Bresson se dirige sur Neufmaisons où les deux groupes bivouaquent.

Le 24 août au petit jour, la 25e brigade, qui ne paraît pas avoir reçu encore l'ordre général de retraite donné dans la nuit, reprend l'attaque sur Badonviller. Elle se heurte à des masses ennemies soutenues par une puissante artillerie lourde. Toutes les unités d'infanterie et d'artillerie font preuve d'une grande énergie dans cette reprise de l'offensive. Elles reçoivent dans la matinée l'ordre de rompre le combat et réussissent à se dégager malgré les difficultés considérables qu'offre le terrain et sans que l'ennemi réussisse à leur infliger d'autres dommages que la perte de quelque matériel.

V

LUTTE SUR LA RIVE GAUCHE
DE LA MEURTHE

L'ordre donné en fin de journée, le 25, prescrivait à toutes les troupes du 21e C. A. de se maintenir sur les positions occupées en s'y retranchant et en assurant leur sécurité, le soin de garder le contact avec l'ennemi était confié au 4e régiment de chasseurs, la cavalerie n'ayant pas eu à donner au cours de la journée dans ce terrain coupé. Les unités égaillées étaient groupées autour de Saint-Benoît. La 49e brigade du 13e C. A. cessait d'être aux ordres du 21e corps. Mon Q. G. fut porté à Jeanménil pour le lendemain.

L'armée nous avisait au début de la journée du succès obtenu par la 2e armée et, nous ordonnant de nous rameuter entre Bru et Saint-Benoît, annonçait l'arrivée en renfort de la 44e division. Celle-ci devait déboucher du couloir Rambervillers, Anglemont, Sainte-Barbe et appuyer à droite le mouvement vers le nord prescrit aux 8e et 13e C. A. Nous devions nous préparer à poursuivre l'ennemi et à border la Meurthe. La réalité ne fut malheureusement pas conforme à ces espérances. La 44e D. I. ne put en effet déboucher du bois d'Heurtemuche (nord de Bru); l'ennemi poursuivant son attaque dirigée sur notre droite s'emparait de Sainte-Barbe et de la crête 423-la Chipotte, au nord-est de Saint-Benoît.

Les troupes groupées autour de ce dernier point comprenaient la 85e brigade (149e-158e), des fractions du 109e, un régiment colonial, le 4e régiment de chasseurs vers la Grande-Rue avec de l'artillerie, tout cet ensemble aux ordres du général Pillot qui sut les animer de son énergie.

L'ennemi débouchant du nord-est parvint jusqu'aux premières maisons de Saint-Benoît, que défendait le 149e, tandis que le 158e tenait la gauche au nord de la route. Une première contre-attaque échoua et l'ennemi gagnait un peu de terrain sauf devant le 158e qui conservait ses positions. Le général Pillot fit ramener les traînards par la cavalerie, donna ordre à l'artillerie établie vers la Grande-Rue d'accélérer son tir et lança le régiment colonial à l'attaque. L'ennemi fut refoulé dans les bois et nous réoccupions Saint-Benoît, par conséquent nos troupes obtenaient de ce côté un succès incontestable, l'avance de l'ennemi était enrayée et se bornait à l'occupation de la crête 423.

Pour le stationnement du 26 au 27, notre ligne de résistance face au nord était marquée par les hauteurs bordant au nord la route Bru-Saint-

Benoît, occupées comme suit : brigade coloniale, cote 373 au nord de Bru ; 43ᵉ D. I., de la cote 373 à Saint-Benoît ; 13ᵉ D. I., Saint-Benoît et ses abords. Prévoyant en outre le cas où l'ennemi réussirait à progresser dans la forêt de Saint-Benoît et déboucherait en arrière de mon front, je parais à ce danger en faisant tenir la série de localités sur la lisière ouest de la forêt : Larifontaine, Fraipertuis, Housseras. J'envoyai dans ce but des troupes de la 13ᵉ D. I. particulièrement éprouvées par les luttes des journées antérieures. Le 17ᵉ R. I. était du nombre et je mis à sa tête le commandant Maréchal de mon état-major, promu lieutenant-colonel à cet effet, et dont l'énergie m'était connue. La suite a prouvé que mon choix était heureux. Il fut remplacé dans ses fonctions de chef du bureau des opérations par le capitaine Hucher, mon ancien officier d'ordonnance, qui, lui aussi, sut se montrer digne des espérances qu'on fondait sur lui. Mon Q. G. fut porté à Sainte-Hélène.

Si certaines unités du C. A. étaient éprouvées durement et avaient subi des pertes cruelles, il subsistait encore parmi elles une énergie dont je constatais avec joie les manifestations. Au cours de la lutte des 24 et 25 août dans les bois de la rive gauche de la Meurthe, de petits détachements avaient pu s'égarer ; ils trouvaient moyen de rallier leur corps. Les patrouilles de cavalerie et les reconnaissances d'officiers du 4ᵉ chasseurs qui

depuis le début des opérations avaient presque
toujours opéré avec autant de hardiesse que de
bonheur méritent d'être spécialement citées. Je
me souviens entre autres de l'arrivée à mon P. C.
du lieutenant Carrelet qui, resté avec deux hommes
dans les bois au milieu de l'ennemi, avait réussi
à déjouer sa vigilance et après deux jours sans
nourriture regagnait nos lignes où il parvenait
soutenu seulement par sa volonté. On ne dira
jamais assez la vaillance dont nos officiers et nos
hommes ont fait preuve au cours de cette partie
de la campagne. Je saisis avec joie l'occasion qui
s'offre à moi de leur rendre un hommage mérité.
Si les résultats obtenus dans ces journées n'ont
pas été plus grands, ce ne fut certes pas faute
d'énergie de notre part, les pertes si nombreuses
que nous avons subies et qui ont atteint les cadres
dans une proportion considérable en sont un
témoignage.

Il faut reconnaître aussi que l'insuffisance de
notre matériel et notamment l'absence d'artillerie
lourde à longue portée, ainsi que d'engins d'obser-
vation aériens, nous plaçaient en état d'infériorité
manifeste vis-à-vis de l'ennemi. Celui-ci avait
par exemple une batterie de gros canons vers
Bazien dont péniblement nous pûmes reconnaître
l'emplacement mais que nous ne réussîmes jamais
à battre faute de pièces portant assez loin. Le
commandant de l'armée préleva bien sur la place
d'Épinal quelques pièces lourdes et un ballon

captif de modèle ancien, mais ce matériel était réellement trop inférieur à celui de l'ennemi. S'agissait-il aussi de fortifier les positions occupées, nous étions maigrement dotés en outils et plus pauvrement encore en ronce artificielle ; il ne faut pas s'étonner que, dans ces conditions, nos lignes n'aient pu opposer à l'ennemi une résistance toujours invincible.

A partir du 27 août et jusqu'à son départ de la 1ʳᵉ armée, le 21ᵉ C. A., établi entre Rambervillers et la Chipotte, a été engagé dans une lutte dont le résultat appréciable a été le maintien du front à peu près intact. Je vais essayer d'en exposer le développement.

Pour la journée du 27, la 1ʳᵉ armée devait prendre l'offensive par sa gauche ; le 21ᵉ corps, s'appuyant aux organisations défensives qu'il occupait, devait se relier à droite au 14ᵉ corps dans la région Étival-Saint-Rémy et s'apprêter à appuyer par sa gauche l'offensive du 13ᵉ corps auquel il était relié par la 44ᵉ D. I. Puis, cette dernière, dont les éléments étaient quelque peu enchevêtrés avec ceux de la 43ᵉ D. I., était mise sous mes ordres et dès lors le dispositif d'attaque fut réglé comme il suit [ordres généraux nᵒˢ 33 et 34 (1)].

<hr>

(1)   Q. G. de Sainte-Hélène, 26 août 1914.

ORDRE GÉNÉRAL D'OPÉRATIONS Nᵒ 33
pour la journée du 27 août.

I. — La 1ʳᵉ armée a gagné du terrain à sa gauche et s'est maintenue d'une manière générale sur le reste du

La 44e division, partant du front Anglemont, bois d'Heurtemuche, va attaquer sur Sainte-Barbe et le bois de la Pêche, elle sera appuyée par une brigade (la 26e) de la 13e D. I. et par l'A. D. 13.

front. La 2e armée a progressé dans la direction de Lunéville et de la Mortagne.

Des renseignements recueillis sur l'ennemi, il résulte que la lassitude des troupes allemandes est extrême, et que tout effort continu et énergique de notre part doit déterminer leur retraite.

II. — Demain, continuation de l'offensive vers la Meurthe.

III. — Le 21e corps, s'appuyant sur les positions qu'il occupe et dont il poursuivra l'organisation défensive, se reliera à sa droite au 14e corps dans la région d'Étival-Saint-Rémy et s'apprêtera à appuyer l'offensive du 13e corps vers le nord.

IV. — En conséquence :

a) La cavalerie lancera des reconnaissances sur Saint-Rémy, Raon-l'Étape, vers Sainte-Barbe, assurera la liaison avec le 14e corps dans la combe de Nompatelise.

Son gros pour 6 heures dans la région de Saint-Benoît, à la disposition du général commandant le corps d'armée.

b) La 13e division, avec le 60e bataillon de chasseurs de réserve, s'établira solidement au nord de Saint-Benoît et à la Chipotte ; elle assurera l'inviolabilité du front 409, 423, la Chipotte, et poussera des détachements de sûreté dans le couloir de Thiaville, vers 376, et sur la route de Raon-l'Étape. Elle se reliera avec la 43e division sur l'axe Saint-Benoît, Sainte-Barbe.

c) La 43e division, prenant appui sur la ligne de défense qu'elle a établie sur les hauteurs au nord de la route Bru-Saint-Benoît, cherchera à atteindre le front Menil-sur-Belvitte, Sainte-Barbe en partant tant de Saint-Benoît que de Bru.

A cet effet, elle formera des groupements d'attaque constitués avec ses éléments les plus dispos et les plus solides, et réglera les détails de ces diverses offensives

La 43ᵉ D. I., formant repli sur les hauteurs nord de Bru et de la Grande-Rue, appuiera par son canon l'attaque de la 44ᵉ.

La brigade coloniale tient, à droite, Saint-Benoît et ses abords.

La 25ᵉ brigade se rassemble et se reconstitue dans la région Housseras-Autrey.

La liaison avec le 14ᵉ C. A. était assurée par le

après entente directe avec la 44ᵉ division, de manière à assurer la simultanéité et la concordance des efforts.

V. — A la disposition du général commandant le corps d'armée :

a) La brigade coloniale, rassemblée pour 6 heures dans la région Saint-Benoît (un régiment), Larifontaine (un régiment, un groupe);

b) Les 57ᵉ et 61ᵉ bataillons de réserve maintenus respectivement à Saint-Benoît et à Jeanménil ;

c) L'artillerie de corps, rendue pour 6 heures par Autrey et Housseras au sud de Larifontaine ;

d) Le génie de corps rendu à Jeanménil pour 8 heures.

VI. — Poste de commandement à Jeanménil à partir de 6 heures. Rendez-vous aux liaisons en ce point à 6 heures...

P. C. de Jeanménil, le 27 août 1914.

ORDRE GÉNÉRAL D'OPÉRATIONS Nº 34
pour la journée du 27 août.

Le 21ᵉ corps est renforcé à la date du 27 août par la 44ᵉ division.

Offensive du corps d'armée :

La 44ᵉ division, partant du front Anglemont, bois d'Heurtemuche, va attaquer sur Sainte-Barbe, bois de la Pêche. Pour cette attaque, la 26ᵉ brigade (13ᵉ D. I.) et le 62ᵉ régiment d'artillerie (A. D. 13) seront laissés à sa disposition.

43ᵉ division. — Formera repli solide sur les hauteurs

4ᵉ régiment de chasseurs et je maintenais à ma disposition à Jeanménil le 4ᵉ régiment de chasseurs d'Afrique, venu avec le 44ᵉ D. I.

L'attaque sur Sainte-Barbe échoua et la 44ᵉ D. I., après avoir occupé Anglemont et Mesnil-sur-Belvitte, dut se replier sur la lisière nord des bois en arrière de ces villages. Sur notre droite, les Allemands réussirent à s'emparer de la Chipotte et à s'y maintenir en dessinant même un mouvement enveloppant au sud de cette crête.

En fin de journée, les troupes s'établissaient sur les positions qu'elles occupaient au départ, à l'exception toutefois des unités qui s'étaient repliées de la Chipotte.

nord de Bru et de la Grande-Rue, appuiera par ses feux d'artillerie les attaques de la 44ᵉ division.

Portera en réserve un régiment à Malplanton (centre de résistance).

13ᵉ *division*. — Rameutera sa 25ᵉ brigade dans la région Housseras-Autrey, pour la reconstituer et la réorganiser. Cette brigade utilisera la route de Jeanménil à Autrey le long de la voie ferrée.

Brigade coloniale, même mission que celle de l'ordre d'opérations nᵒ 33.

Cavalerie. — 4ᵉ chasseurs poussera des reconnaissances sur les routes traversant le massif des Rouges-Eaux et établira la liaison avec le 14ᵉ C. A. dans la combe de Nompatelize.

Chasseurs d'Afrique. — Maintenus en réserve à Jeanménil.

Pour ampliation :   Le général commandant le 21ᵉ C. A.,
Le chef d'état-major,   *Signé :* LEGRAND.
   DE BOISSOUDY.

Pour les autres corps de la 1ʳᵉ armée, la journée n'avait pas été meilleure.

Le 8ᵉ corps était toujours en avant d'Essey-la-Côte et de Clézentaine.

Le 13ᵉ corps avait perdu sur la rive droite de la Mortagne la hauteur des Pucelles ainsi que Roville-aux-Chênes qu'il occupait le matin.

Le 14ᵉ C. A. s'était replié derrière la Meurthe d'Étival au col d'Anozel.

Sachant combien les forêts de cette région sont aisément perméables aux troupes, je me préoccupais de voir l'ennemi s'y infiltrer et se glissant entre le 14ᵉ et le 21ᵉ par la Chipotte dont il était maître, venir tenter quelque coup de main en arrière de ma droite. C'est pour ce motif que j'attachais de l'importance au repli que j'avais fait organiser sur Fraipertuis et Housseras. Je ne crois pas que ma préoccupation ait été excessive ; elle a d'ailleurs était partagée par le commandant de l'armée le 29 août (1) et dans l'état de fatigue où se trouvaient mes troupes, avec les pertes qu'elles avaient subies, je ne devais pas négliger de me garder contre un coup de main possible. Le fait qu'il n'a pas été exécuté ne me paraît pas une raison suffisante pour regretter d'avoir pris des mesures de précaution. Celles-ci avaient d'ailleurs d'autant moins d'inconvénients pour la mission assignée par l'armée au 21ᵉ C. A.

____

(1) Cf. *Quatre années de commandement*, par le Général DUBAIL, t. I, p. 79.

que leur exécution fut confiée à des unités auxquelles le repos et la remise en main étaient indispensables.

Le général Dubail relate dans son ouvrage sa visite aux commandants de corps d'armée le 27 août pour faire appel à leur énergie ; j'ai bien en effet le souvenir de cette entrevue où je m'efforçai de lui prouver qu'au 21ᵉ C. A. cette qualité n'avait pas fait défaut.

Le 28 août, l'attaque fut reprise à peu près dans les mêmes conditions que la veille [ordre général n° 36 (1)] :

(1)   Q. G. de Sainte-Hélène, 27 août 1914, 24 heures.

ORDRE GÉNÉRAL D'OPÉRATIONS N° 36
pour la journée du 28 août.

I. — Demain 28 août, continuation de l'offensive vers la Meurthe.

II. — Le 21ᵉ C. A., auquel est adjoint la 44ᵉ division, continuera ses attaques dans la direction générale de Baccarat, en se reliant à droite avec le 14ᵉ C. A., dans la région de Neuf-Étangs, la Salle et à gauche au 13ᵉ C. A. vers le bois d'Anglemont.

III. — En conséquence :

a) Cavalerie. — Le 4ᵉ chasseurs poussera des reconnaissances sur toutes les routes traversant le massif des Rouges-Eaux, et assurera la liaison avec le 14ᵉ C. A. vers Saint-Rémy, il maintiendra son gros à Housseras jusqu'à nouvel ordre.

Le 4ᵉ chasseurs d'Afrique se portera pour 6 heures dans la région nord de Rambervillers pour assurer la liaison avec le 13ᵉ C. A.

b) La 44ᵉ division se tiendra prête à poursuivre son offensive sur le front 371-Bazien, en partant du front

44ᵉ D. I. et 26ᵉ brigade à droite, objectif Bazien ; 43ᵉ D. I. en échelon en arrière et à gauche à la lisière nord des bois d'Anglemont, objectif Nossoncourt.

Brigade coloniale en arrière à droite au sud de Saint-Benoît, les deux régiments de cavalerie encadrant le corps d'armée et assurant la liaison avec les corps voisins.

qu'elle occupe aujourd'hui. Elle disposera de la 26ᵉ brigade (13ᵉ division) et du 62ᵉ régiment d'artillerie (A. D. 13).

Elle devra conserver la possession du col de la Chipotte.

c) La 43ᵉ division, formant échelon en arrière et à gauche de la 44ᵉ division, viendra s'établir à la lisière nord du bois d'Anglemont et du Ban-de-Nossoncourt, pour appuyer les attaques de la 44ᵉ division.

Elle prendra pour objectif le front Nossoncourt, château de Villers, en se reliant à gauche à l'offensive du 13ᵉ C. A. dirigée sur l'axe Doncières-Menarmont.

d) A la disposition du général commandant le C. A. :

1º La 25ᵉ brigade (13ᵉ division) maintenue dans ses cantonnements d'Housseras et d'Autrey. Cette brigade devra se couvrir solidement face à l'est et assurer en tout état de cause la possession du débouché d'Autrey.

Elle fera tenir par le 57ᵉ bataillon de chasseurs de réserve le couloir de Fraipertuis ;

2º Le 60ᵉ bataillon de chasseurs de réserve maintenu à Larifontaine, le 61ᵉ bataillon porté pour 6 heures à Jeanménil ;

3º La brigade coloniale portée pour 6 heures au sud de Saint-Benoît ;

4º L'artillerie de corps maintenue prête à marcher dans ses cantonnements de Fremifontaine.

e) Les compagnies du génie de corps continueront :

D'une part l'amélioration des communications dans la

La journée ne fut pas bonne, car non seulement l'attaque n'eut pas plus de succès que les deux jours précédents, mais l'un des régiments de la 44e D. I., de composition moins solide que les autres, tint mal à Saint-Benoît ; cette localité tomba aux mains de l'ennemi et dut être reprise par la brigade coloniale. En définitive, nous n'étions pas plus avancés le soir que le matin, mais notre droite avait été un instant entamée et j'avais la preuve que les éléments arrivés en renfort au 21e C. A. étaient loin d'avoir tous la valeur de ceux que j'avais eu jusqu'alors l'honneur de commander. J'étais donc fondé à prendre des précautions ; elles se traduisent dans les prescriptions de l'ordre de stationnement no 37 pour la nuit du 28 au 29 août. Vigilance recommandée à tous ; mise en garde contre une attaque de nuit, envoi de projecteurs à chacune des divisions. Ordre de conserver à tout prix notre ligne de résistance.

L'ordre d'opérations no 38 pour la journée du 29 août n'est en somme que la réédition des précédents avec de légères variantes motivées par

région de Saint-Gorgon et dans la région au sud de Jeanménil ;

D'autre part l'organisation du point d'appui Housseras-Wuillaume-Fontaine.

IV. — Poste de commandement : Jeanménil à partir de 6 h. 30.

Rendez-vous aux liaisons en ce point à 6 h. 30.

Le Q. G. continuera à fonctionner à Sainte-Hélène...

les incidents de la journée du 28. On en trouvera
ici la reproduction intégrale.

Q. G. de Sainte-Hélène, 28 août 1914, 23 heures.

ORDRE GÉNÉRAL D'OPÉRATIONS Nº 38
pour la journée du 29 août.

I. — Demain 29 août, continuation de l'offensive de la
1ʳᵉ armée pour atteindre la Meurthe.

II. — Le 21ᵉ corps, après avoir pris toutes les mesures
nécessaires pour assurer l'inviolabilité du front qu'il
occupe actuellement aura comme direction principale
d'attaque Baccarat par Sainte-Barbe, et cherchera également à progresser par la Chipotte dans la direction de
Raon-l'Étape.

III. — En conséquence, les opérations seront reprises sur
le front des 43ᵉ et 44ᵉ divisions dans les mêmes conditions
qu'aujourd'hui 28, en y apportant toutefois les modifi-
cations suivantes :

a) 44ᵉ division : disposera de la brigade coloniale
rendue à 5 h. 30 à Saint-Benoît en remplacement de la
25ᵉ brigade et d'un escadron du 4ᵉ chasseurs d'Afrique
(rendu à 5 h. 30 à Jeanménil sortie ouest) ;

b) 43ᵉ division : aura à sa disposition un escadron du
4ᵉ chasseurs d'Afrique rendu à 5 h. 30 à Moulin-Georges
(1 kilomètre est de Rambervillers) ;

c) 25ᵉ brigade : même mission.

Réduira à une compagnie chacun des détachements
d'infanterie qu'elle a lancés aujourd'hui au Haut-du-Bois
et à la passée du Renard ;

d) Brigade coloniale : remplacera la 26ᵉ brigade autour
de Saint-Benoît et dans l'occupation du col de la Chipotte
et abords ;

e) 4ᵉ chasseurs : même mission.

IV. — A la disposition du commandant de corps d'armée :

a) La 26ᵉ brigade (13ᵉ division) regroupée pour 7 heures
au sud de Saint-Benoît ;

b) Le 60ᵉ bataillon de chasseurs de réserve maintenu à
Larifontaine ; le 61ᵉ bataillon de chasseurs regroupé pour

7 heures à Jeanménil ; le 57ᵉ bataillon de chasseurs à Fraipertuis ;

c) Deux escadrons du 4ᵉ chasseurs d'Afrique rassemblés
à Jeanménil pour 6 heures.

V. — Poste de commandement : Jeanménil à partir.de
7 heures.

Rendez-vous aux liaisons en ce point à 7 heures.

Le Q. G. maintenu à Sainte-Hélène...

Le général Dubail, dans son ouvrage relate
sa venue à Jeanménil le 29, point qu'occupait
mon P. C. depuis le 26 août, et il ajoute : « En ce
point il n'y a plus de Q. G., le général Legrand s'est
déjà replié de sa personne vers Sainte-Hélène. »

Il signale ensuite la défaillance d'un régiment
de la 44ᵉ D. I. à Saint-Benoît, accident qui amène le
général Dubail à perdre confiance en cette unité, puis
la reprise de Saint-Benoît par les coloniaux arrêtés
à 500 mètres au delà du village par des tranchées.

Il ajoute enfin : « C'est cette situation qui avait
fait craindre au général Legrand pour sa droite.
Il avait donc replié son Q. G. et son poste de commandement sur Sainte-Hélène, fait préparer une
position de repli sur Housseras, Autrey et mis
simplement des détachements aux débouchés de
la forêt sur sa droite pour se couvrir.

« C'était mal comprendre sa mission : il la
concevait défensive à son aile droite alors que je
la voulais offensive, sous la forme d'une violente
attaque se portant du sud au nord pour nettoyer
les bois où je savais que s'infiltraient les Allemands pour se glisser entre les 21ᵉ et 14ᵉ C. A. »

Lorsque j'eus sous les yeux le livre du général Dubail, j'avais si complètement oublié le déplacement momentané de mon P. C.,, le 29 que, de très bonne foi, je crus devoir en contester l'exactitude. J'ai dû depuis me rendre à l'évidence, mais en évoquant les souvenirs des officiers de mon état-major, il m'a été impossible de retrouver les motifs de ce déplacement. Jeanménil n'était ni plus menacé ni plus atteint par le feu ennemi que Sainte-Hélène. Si j'ai eu des préoccupations pour ma droite en raison de l'infiltration possible de l'ennemi entre les 14ᵉ et 21ᵉ C. A, j'étais aussi bien placé pour y répondre en l'un ou l'autre point.

Après réflexion, je ne puis trouver pour expliquer mon départ de Jeanménil que ceci : depuis trois jours à Jeanménil je constatais l'immobilisation de notre front et il ne me paraissait pas que la journée du 29 viendrait modifier la situation, je me transportais au Q. G. de Sainte-Hélène où j'étais établi depuis le 26 et où le travail était plus aisé. Le seul fait que ni moi ni mes officiers n'avons gardé le souvenir des motifs du déplacement est par ailleurs, sinon une preuve, du moins présomption sérieuse que ce mouvement n'avait pour nous aucune importance.

Le général Dubail signale la divergence existant entre ses intentions en vue de l'offensive par la droite du 21ᵉ C. A. et les dispositions que j'avais prises ; ici je n'ai qu'à m'incliner devant mon chef, mon devoir étant d'exécuter ses ordres. Je me bornerai à indiquer que l'attaque du 29 n'était que la reprise de celle que l'on essayait sans succès depuis le 27 avec le même objectif. Le 21e C. A. devait lier son action à celle du 13e C. A. à sa gauche à qui paraissait réservé le rôle principal en raison du terrain sur lequel il opérait, c'était conséquemment à la gauche du 21e C. A. que paraissait incomber la mission d'être l'aile marchante. Au reçu des instructions du commandant de l'armée, je modifiais mes dispositions et par l'ordre n° 39 daté du 29 août 10 h. 45 (1), je prescrivis à la 43e D. I. d'attaquer

(1)   Q. G. de Sainte-Hélène, 29 août 1914, 10 h. 45.

ORDRE GÉNÉRAL D'OPÉRATIONS N° 39
pour les mouvements du 29 août.

La situation devant le front de la 1re armée est notablement meilleure depuis ce matin.

A droite du 21e corps, le 14e pousse une attaque sur Saint-Rémy et Étival.

A gauche le 13e progresse sur Doncières. La lisière nord du bois d'Anglemont nous appartient, le village d'Anglemont serait même à nous.

Dans ces conditions, le 21e corps doit non seulement résister à tout prix sur la ligne qu'il occupait hier soir, mais doit progresser vers le nord.

La 43e division prendra pour objectif le front compris entre Nossoncourt et Mesnil-sur-Belvitte.

La 44e va attaquer de nouveau Sainte-Barbe en progressant par son aile droite dans la forêt de Sainte-Barbe. Cette attaque sera menée avec toutes les forces dont peut disposer la 44e division, tout en maintenant l'inviolabilité du front qu'elle occupe.

L'attaque de la 43e division ne sera déclanchée que

sur le front Nossoncourt, Mesnil-sur-Belvitte ; à la 44ᵉ d'attaquer de nouveau sur Sainte-Barbe en cherchant à progresser par son aile droite dans la forêt et en consacrant à cette action toutes les forces dont elle disposait. La brigade coloniale couvrait la droite de la 44ᵉ D. I. en tenant les hauteurs au nord et à l'est de Saint-Benoît, et en s'emparant de la Chipotte, la 13ᵉ D. I. devait pousser des éléments dans la forêt au Haut-du-Bois (chemin de Fraipertuis à Saint-Rémy) et sur la croupe 2 kilomètres sud de Saint-Benoît de manière à étayer la brigade coloniale. Une note complémentaire, suivant de très près l'ordre n° 39 (1),

lorsque la 44ᵉ se sera rendue maîtresse de Sainte-Barbe. Elle sera montée sur Mesnil en partant du bois d'Heurtemuche.

Vers la droite, la brigade coloniale couvrira la 44ᵉ division en tenant ferme les hauteurs au nord et à l'est de Saint-Benoît et le col de la Chipotte.

La 13ᵉ division poussera des éléments au Haut-du-Bois ainsi que sur l'éperon 2 kilomètres sud de Saint-Benoît, étayant l'action de la brigade coloniale.

La 25ᵉ brigade conservera la mission à Housseras-Wuillaume-Fontaine.

La 26ᵉ brigade en réserve vers Larifontaine avec les 60ᵉ et 61ᵉ bataillons de chasseurs de réserve.

Les 4ᵉ chasseurs et 4ᵉ chasseurs d'Afrique conservent les missions fixées par l'ordre d'opérations n° 38...

(1)   10 h. 50.

COMPLÉMENT A L'ORDRE D'OPÉRATIONS N° 39

En vue d'étayer l'action de la brigade coloniale qui a reçu mission de reprendre le col de la Chipotte et d'oc-

fixait à deux bataillons de chasseurs le détachement que la 13e D. I. devait envoyer sur cette croupe.

Enfin, par un second complément au même ordre (1), daté de 14 h. 30, je constituais à la droite

cuper les hauteurs au nord-est de Saint-Benoît, la 25e brigade dirige vers le nord un détachement de deux bataillons de chasseurs.

Ce détachement se reliera à droite avec celui du 14e corps qui se dirige de la Salle vers Neuf-Étangs et à gauche avec la brigade coloniale vers Saint-Benoît.

Il coopérera ultérieurement avec la brigade coloniale à l'occupation de la Chipotte et des hauteurs entourant Saint-Benoît au nord-est et à l'est et il assurera la liaison entre le 21e et le 14e corps.

(1)   Sainte-Hélène, 29 août, 14 h. 30.

COMPLÉMENT A L'ORDRE D'OPÉRATIONS N° 39

21e *corps à : Général Barbade, 43e, 44e divisions, 4e chasseurs, brigade coloniale.*

Par ordre de l'armée, toutes les forces disponibles du 21e C. A. doivent être portées vers la droite du C. A. et lancées ensuite du sud au nord dans une attaque liée à celle qu'exécute en ce moment le 14e C. A.

En conséquence, les troupes dont dispose actuellement le général Barbade pour cette mission seront renforcées du 21e bataillon de chasseurs qui se dirigera vers le Haut-du-Bois par Fraipertuis, des 60e et 61e bataillons de chasseurs qui viendront se placer à la gauche de ce dernier en suivant la route de Jeanménil au Haut-du-Bois par la cote 450.

La 43e division enverra par la même route sa brigade actuellement en réserve.

Le 4e régiment de chasseurs à cheval dirigera un escadron par Fraipertuis sur le Haut-du-Bois.

Toutes ces troupes placées sous le commandement du

du C. A. un groupement de toutes les forces disponibles sous le commandement du général Barbade avec mission d'attaquer du sud au nord en liant son action, à droite, à celle du 14ᵉ C. A. dirigée sur Neuf-Étangs et Saint-Rémy, à gauche à celle de la brigade coloniale sur la Chipotte. Le général commandant l'artillerie recevait ordre de renforcer de tous les éléments utilisables de l'A. D. 44 et de l'A. C. 21 la préparation par le feu entreprise sur la région comprise entre Saint-Benoît et la route de Raon-l'Étape. Il était prescrit au commandant de la brigade coloniale d'établir une liaison étroite avec le commandant de l'artillerie

général Barbade auront pour mission d'étayer à droite l'attaque dirigée par le 14ᵉ C. A. sur Neuf-Étangs et Saint-Rémy, à gauche l'action que la brigade coloniale dirige de Saint-Benoît sur le col de la Chipotte et la crête 431-423.

La 44ᵉ division se tiendra en mesure d'appuyer à l'ouest l'action de la brigade coloniale et du détachement Barbade à l'aide de toutes les troupes disponibles de la 88ᵉ brigade.

Le général commandant l'artillerie du 21ᵉ C. A. fera renforcer de tous les éléments utilisables de l'A. D. 44 et de l'A. C. 21 la préparation par le feu entreprise depuis ce matin sur la région nord-est.

Le colonel commandant la brigade coloniale se tiendra en liaison étroite avec le commandant de cette artillerie pour que celle-ci échelonne progressivement son tir au fur et à mesure de la progression des troupes chargées de l'attaque.

Sur tout le front actuellement occupé par les 43ᵉ et 44ᵉ divisions, les troupes maintenues en position se retrancheront et tiendront jusqu'à la dernière extrémité.

Signé : E. LEGRAND.

pour que celle-ci échelonne son tir au fur et à mesure de la progression des troupes d'attaque. Enfin, sur tout le front des 43e et 44e D. I., les troupes en position devaient se retrancher et tenir jusqu'à la dernière extrémité.

Si je reproduis ici les dispositions essentielles des ordres que j'ai successivement donnés au cours de la journée du 29 août, c'est pour montrer qu'ils ont été strictement conformes à ceux que j'ai reçus moi-même de la 1re armée et que le général Dubail a rappelés dans son livre.

L'événement ne répondit pas aux espérances conçues et ni la 44e D. I. ne put gagner Sainte-Barbe ni la brigade coloniale enlever la Chipotte ce jour-là. A notre droite d'ailleurs, le 14e C. A. était moins heureux encore puisqu'il devait reporter son Q. G. des Rouges-Eaux sur Bruyères. A gauche, le 13e C. A. n'avait pas progressé non plus.

On prenait, pour la nuit du 29 au 30, les mêmes dispositions que la veille, chacun couchant sur ses positions.

Le commandant de la 1re armée eut dans ces conditions l'incontestable énergie de maintenir ses ordres d'attaque pour le lendemain. Dans l'ordre d'opérations n° 41 pour la journée du 30 août, le 21e C. A. reçoit mission de reprendre ses opérations de la veille dans les mêmes conditions et avec les mêmes objectifs ; toutefois, il devait avant d'aborder Sainte-Barbe de front et de flanc nettoyer la région de Saint-Benoît. De nouvelles instructions venues de l'armée amènent une modification dans le dispositif à adopter. L'objectif assigné est toujours Sainte-Barbe, mais on doit chercher à le déborder par l'est tout en assurant l'inviolabilité du front Mesnil-Anglemont en liaison avec le 13ᵉ C. A. et la couverture vers l'est par l'occupation de la ligne de crête la Chipotte, Haut-du-Bois, passée du Renard [ordre général nº 42 (1)].

(1)   P. C. de Jeanménil, 30 août 1914, 9 heures.

ORDRE GÉNÉRAL D'OPÉRATIONS Nº 42

I. — Le 21ᵉ corps a mission de s'emparer de Sainte-Barbe par un mouvement débordant par l'est, tout en assurant l'inviolabilité du front devant Mesnil, Anglemont, en liaison avec le 13ᵉ C. A. d'une part et en assurant la couverture du C. A. vers l'est par l'occupation de la ligne de crêtes la Chipotte, Haut-du-Bois, passée du Renard.

II. — En conséquence : a) l'action sur Sainte-Barbe sera dirigée par le général de Vassart commandant la 44ᵉ division qui disposera :

1º De la brigade Barbot ;

2º De la brigade coloniale ;

3º De la 86ᵉ brigade (colonel Olleris) ;

4º De deux bataillons de la brigade Buchenor actuellement en réserve ;

5º De la compagnie du génie de la 44ᵉ division et de l'A. D. 44.

Sa mission consiste à s'emparer de Sainte-Barbe et des hauteurs au nord en les débordant par l'est.

Le maintien du front conquis entre les Carrières et la Haye (est du bois d'Heurtemuche) est confié au général commandant la 43ᵉ division qui disposera :

1º De la 85ᵉ brigade (général Pillot) ;

2º De la brigade Buchenor (44ᵉ division, 163ᵉ, 157ᵉ) ;

3º De l'A. D. 43 et du génie 43.

L'action de couverture vers l'est est confiée au général

L'attaque principale est dès lors confiée au général commandant la 44e D. I. (de Vassart) qui dispose à cet effet de la brigade Barbot, de la brigade coloniale, de la 86e brigade (Olleris) et de deux bataillons de la brigade Buchener.

Le maintien du front à gauche est assuré par la 43e D. I. (Lanquetot), avec la brigade Pillot (85e) et la brigade Buchener de la 44e D. I.

La couverture vers l'est est confiée au général commandant la 25e brigade (général Barbade) qui disposera :

1° Des trois bataillons de chasseurs de la 25e brigade (17e, 20e et 21e) ;

2° Des trois bataillons de chasseurs de réserve ;

3° Des détachements d'artillerie envoyés respectivement à la passée du Renard, au Haut-du-Bois et à la Chipotte ;

4° De la compagnie du génie, 13e division.

Mission : assurer de façon absolue la protection du C. A. face à l'est ; agir par son artillerie vers la combe de Nompatelize et Saint-Rémy pour aider le 14e corps avec qui il assurera sa liaison.

d) En réserve à la disposition du général commandant le C. A. :

1° La 26e brigade (colonel Hamon) maintenue provisoirement à Larifontaine ;

2° Le 17e régiment d'infanterie à Housseras ;

e) Cavalerie : 4e chasseurs continuera sa mission des 28 et 29 août ; 4e chasseurs d'Afrique continuera sa mission des 28 et 29 août.

f) A. C. maintenue à Fremifontaine prête à marcher.

Génie de corps, maintenu provisoirement à l'organisation défensive du repli d'Housseras.

III. — Poste de commandement du général commandant le corps d'armée : Jeanménil à partir de 9 heures...

Barbade avec ses trois bataillons de chasseurs (17ᵉ, 20ᵉ, 21ᵉ) et trois bataillons de C. P. de réserve.

Restaient en réserve à ma disposition la 26ᵉ brigade (Hamon) à Larifontaine et le 17ᵉ R. I. à Housseras.

Chacun des commandants de groupement disposait d'une artillerie divisionnaire et d'une compagnie du génie.

Je me rendis auprès du général de Vassart pour lui confirmer ses instructions.

Les opérations du 30 août nous rendent maîtres des premières tranchées des Allemands à la Chipotte, mais nous ne pouvons les dépasser.

On couche sur ses positions et le lendemain 31, on reprend les attaques dans les mêmes conditions, sans réaliser de progrès notable [ordre général n° 44 (1)].

(1)   Q. G. de Sainte-Hélène, 30 août 1914, 21 h. 30.

ORDRE GÉNÉRAL D'OPÉRATIONS N° 44
pour la journée du 31 août.

I. — Demain 31 août, les opérations continueront dans les conditions générales fixées par l'ordre général d'opérations n° 42 en date du 30 août, 9 heures.

II. — Le groupement du général Barbade, en raison des progrès réalisés à nouveau par le 14ᵉ corps dans la combe de Nompatelize, n'aura plus à pousser de détachement dans la passée du Renard. Il coopérera, avec son artillerie, à l'offensive du 14ᵉ corps.

III. — Les 26ᵉ brigade et 61ᵉ bataillon de chasseurs de réserve qui restent à la disposition du général commandant le corps d'armée seront établis pour 7 heures au sud

Le 1er septembre, la brigade Barbot réussit à progresser dans les bois en débordant la Chipotte par l'ouest, mais elle est contre-attaquée de flanc par l'ennemi débouchant de Sainte-Barbe et de Thiaville. Elle est rejetée sur Saint-Benoît en perdant beaucoup de monde. La brigade coloniale et la 86e brigade, contre-attaquant à leur tour, nous reprenons nos positions initiales. C'est au milieu de ces combats sous bois où la direction est si malaisée à exercer que se produisit un pénible incident au 157e. Des hommes incorporés dans ce régiment pendant son récent séjour en Alsace et acceptés évidemment avec trop peu de soin firent feu sur leurs camarades et leurs officiers. Il n'en faut tirer d'autres conclusions qu'une nouvelle manifestation des ruses perfides de l'ennemi et malheureusement aussi de l'excès de confiance dont nous avons été plus d'une fois victimes.

Le 2 septembre, je reçus avis que le 21e C. A. allait être enlevé de son actuel théâtre d'opérations pour être dirigé sur une autre armée. Je regrettais pour mon compte personnel de quitter la région vosgienne, mais j'entrevoyais par contre avec satisfaction la perspective de sortir de cette zone Rambervillers, la Chipotte où depuis huit

de Jeanménil avec l'escadron du 4e chasseurs d'Afrique chargé de la garde du poste de commandement.

IV. — Poste de commandement du général commandant le C. A. : Jeanménil, à partir de 6 h. 30.

jours nous étions immobilisés. Je ne prévoyais pas alors la stabilisation des fronts et je croyais toujours à la guerre de mouvement.

Il s'agissait de retirer le 21ᵉ C. A. du front qu'il occupait en n'y laissant que la 44ᵉ D. I. et la brigade coloniale. Le commandant de la 1ʳᵉ armée avait envisagé l'idée de laisser sur place la 86ᵉ brigade (Olleris) et de la remplacer au 21ᵉ C. A. par les coloniaux. Je m'élevais vivement contre ce projet dont la réalisation aurait rompu l'homogénéité du 21ᵉ C. A. et introduit un élément nouveau auquel je préférais de beaucoup ceux que j'avais commandés jusque-là. Les 3ᵉ et 10ᵉ bataillons de C. P. notamment, que j'avais eus jadis comme voisins à la 81ᵉ brigade, puis sous mes ordres à la 41ᵉ division, étaient pour moi des corps que j'affectionnais d'une manière particulière et où j'étais connu. Il me paraissait que ces unités rendraient mieux sous mon commandement et j'obtins de les conserver. Il me fallut toutefois sacrifier ma réserve d'infanterie, les trois bataillons de C. P. de réserve, qui passèrent définitivement au groupement de Vassart.

Une à une les unités furent retirées du front et amenées dans la région de Girecourt-sur-Durbion (où fut installé mon Q. G. le 2 septembre), pour être embarquées à partir du 3 septembre. Mais le mouvement de retrait n'était pas sans présenter parfois certaines difficultés et il fallut insister pour obtenir le départ de quelques unités que le groupement resté sur place voyait s'en aller à regret. C'est ainsi que la 86e brigade (Olleris) qui devait s'embarquer le 4 septembre resta ce jour-là à la disposition du général de Vassart et ne put avoir aucun repos avant de monter dans le train. Il en résulta à la fois du retard dans la date de ses débarquements et, ce qui est plus grave, une grande fatigue des troupes dont les conséquences allaient se faire sentir sur le nouveau théâtre d'opérations.

Au moment où il quittait les Vosges, le 21e C. A. avait subi de lourdes pertes en hommes et en officiers. Les premières pouvaient être aisément comblées par les renforts que les dépôts allaient envoyer, mais les secondes étaient à ce moment irréparables. On n'avait pas créé encore les écoles et centres d'instruction qui permirent ultérieurement de parer à des pertes autrement importantes. On ne pouvait donc faire appel qu'aux très insuffisantes ressources des dépôts et aux cadres subalternes dans une proportion d'autant plus minime qu'ils avaient eux-mêmes été fort éprouvés.

Je ne possède aucun document me permettant de donner une évaluation approximative des pertes au début de septembre, mais je les estime dans l'ensemble au tiers de la troupe et à la moitié des officiers. Au 17e bataillon de C. P., il ne restait plus un seul capitaine ; plusieurs corps : les 21e et 107e R. I., les 3e et 10e bataillons de C. P. avaient perdu leur chef. Incontestablement, le corps d'armée, fatigué par un mois de lutte continue, était affaibli dans son encadrement comme aussi dans son entrainement par l'arrivée d'une proportion notable de réservistes sortant des dépôts où leur remise en main n'avait pas toujours pu se faire. Mais cette diminution dynamique était sans doute compensée par la confiance que devaient donner aux troupes les quelques succès obtenus.

En abandonnant sa région d'origine, le 21e C. A. savait qu'il ne reculait pas devant l'ennemi mais qu'il était appelé à une nouvelle mission. Il fut prescrit dans tous les corps de bien pénétrer les hommes de cette pensée.

Je ne puis terminer cet exposé des opérations du 21e C. A. dans les Vosges sans dire quelques mots du fonctionnement des services et donner à mes collaborateurs qui en avaient la charge le témoignage de ma gratitude. Pour ceux qui ont gardé le souvenir des récriminations trop souvent justifiées des combattants de 1870-71 à l'égard de l'intendance, la constatation des résultats obtenus dans la guerre de 1914-18 est un motif de haute satisfaction et une récompense légitime des efforts accomplis chez nous entre les deux guerres. En ce qui concerne le 21e C. A., qui opérait dans un terrain assez mouvementé, le ravitaillement pouvait offrir certaines difficultés. Notamment lorsque, aux environs du 18 août, une division avec les E. N. E. est passée de la vallée de la Bruche dans celle de la Sarre, la ligne de

communication a dû être modifiée ; le ravitaillement dut être assuré par la vallée de la Plaine et
le Donon, au lieu de suivre la route du Rabodeau
et du col de Saales. Tout cela s'est opéré sans que
jamais aucune unité combattante ait subi de
retard dans ses distributions ; les mesures de
précaution avaient même été si bien prises que
les approvisionnements réunis à la tête de vallée
de la Plaine ont dû être détruits pour ne pas
tomber aux mains de l'ennemi lors du retrait de
la 13e D. I.

J'en pourrais dire autant du ravitaillement en
munitions et apporter au service de santé le
même témoignage de satisfaction.

C'est donc simple justice à rendre que de rappeler ici les noms de M. l'intendant militaire
Duhamel et du médecin inspecteur Loup, chefs
des services de l'intendance et de santé au 21e C. A.,
comme aussi celui du lieutenant-colonel Thévenin,
sous-chef, et du capitaine Trimaille, de mon état-
major, à qui incombait le soin d'établir la
deuxième partie de l'ordre d'opérations journalier.
A eux revient la meilleure part du mérite des
résultats obtenus.

Il me paraît utile de signaler aussi le parti
qu'on aurait pu tirer chez nous pour la défense
des Vosges de la voie ferrée Fraize-Saint-Dié-
Lunéville qui formait ligne de rocade en arrière
de notre ancienne frontière. Elle aurait permis le
transport rapide et sans fatigue de nos réserves

d'un bout à l'autre du front vosgien et donné le moyen de réaliser soit une économie de forces, soit une concentration plus rapide de celles-ci devant chacun des points menacés. Les Allemands ont utilisé effectivement les voies ferrées desservant les diverses vallées des Vosges et nous apercevions parfois la fumée des trains amenant leurs renforts à proximité du terrain de combat. De notre côté, nous étions empêchés d'en faire autant par la centralisation absolue du service des chemins de fer. Je sais autant que personne combien cette centralisation est nécessaire et je ne prétends nullement la critiquer, mais j'ai la conviction qu'avec un peu de souplesse dans son application il serait possible de donner à ceux qui opèrent en pays accidenté comme les Vosges la possibilité d'utiliser pour leurs opérations les ressources du réseau ferré. Sans doute les convois automobiles permettent à présent de résoudre les questions de transport rapide et intensif des troupes, mais il faut toujours se donner le moyen de mettre en œuvre tous les organes existants.

Ma remarque n'aura pas lieu d'être applicable à l'avenir dans la région où j'ai eu l'occasion de la faire, mais des circonstances analogues peuvent se présenter ailleurs et j'estime toujours utile de signaler les observations de l'expérience.

VI

EN CHAMPAGNE AVEC LA 4e ARMÉE
BATAILLE DE LA MARNE
JOURNÉES DES 7 ET 8 SEPTEMBRE

Le Q. G. du corps d'armée transporté le 2 septembre à Girecourt-sur-Durbion prépara l'embarquement des unités qui s'effectua dans la région de Darnieulles : le 4 septembre pour la 13e D. I., les E. N. E. et le Q. G., le 5 septembre pour la 43e D. I. Le débarquement du Q. G. se fit le 4 septembre, à minuit, à Vassy où on s'installa.

Ainsi qu'il est de règle en pareil cas, un officier de l'état-major du corps d'armée avait été envoyé à l'avance à Gondrecourt pour recevoir les ordres du G. Q. G. relatifs au débarquement des unités et diriger les opérations.

L'ordre primitif qui lui fut donné prévoyait l'accolement des divisions face au nord, un second ordre dont la copie est reproduite ci-dessous parvint ensuite, qui plaçait les divisions face à l'ouest. Ce dernier ordre, arrivant après que le premier avait reçu un commencement d'exécution, amena un peu de trouble dans la répartition de quelques unités qui furent fractionnées et ne reçurent leurs trains régimentaires qu'un jour ou deux après leur débarquement. Cette circonstance eut pour effet de rendre le ravitaillement plus difficile et d'occasionner une fatigue supplémentaire et inutile à certains éléments.

L'ordre particulier dont il vient d'être question était ainsi conçu :

Le 21ᵉ C. A. débarquera dans la région Joinville, Vassy, Chevillon.

Après débarquement, ce C. A. devra se trouver par divisions accolées face à l'ouest à hauteur de Vassy : une D. I. dans la région Voillecomte-Louvemont, Trois-Fontaines, Sommancourt, Attancourt.

L'autre D. I. dans la région Bailly-aux-Forges, Brousseval, Domblain, Ville-en-Blaisois.

Les E. N. E. dans le triangle Vassy (Q. G.), Chevillon, Joinville. Il doit se porter ensuite dans la région Montiérender-Longeville aux ordres du général commandant la 3ᵉ armée à laquelle le 21ᵉ C. A. sera rattaché à la fois pour les opérations et pour les ravitaillements à compter du 6 septembre, 0 heure.

Signé : J**OFFRE**.

Ces dispositions prescrites pour le stationnement du C. A. devaient placer la majeure partie de ses unités dans la région située entre la Marne et la Blaise, c'est-à-dire entièrement à l'est de ce dernier cours d'eau.

Si elles ne furent pas exactement observées et si le corps d'armée occupa par bonheur des cantonnements à l'ouest de la zone assignée, c'est que les unités de la 43ᵉ D. I. débarquèrent le 6 septembre à Montiérender et environs et qu'il parut illogique de les diriger à l'est de leurs points de débarquement alors que l'instruction du G. Q. G. prévoyait qu'ils devaient être ultérieurement portés dans la région même où s'effectuait celui-ci.

Les ordres reçus de la 3ᵉ armée devaient d'ailleurs assigner au C. A. pour la journée du 7 une direction de marche vers le nord et ceci aurait suffi pour justifier une dérogation à l'ordre initial de stationnement.

En ce qui concerne le rattachement du 21ᵉ C. A. à la 3ᵉ armée, on peut voir qu'il est complet, à la fois pour les opérations et les ravitaillements et sur ce point l'ordre particulier au 21ᵉ C. A. diffère d'un autre document émané du G. Q. G., l'instruction générale nº 5 en date du 4 septembre, dont j'emprunte le texte à un article de M. Gabriel Hanotaux publié dans la *Revue des Deux Mondes* du 15 mars 1919.

Le 21ᵉ corps aura ses éléments combattants transportés par voie ferrée dans la région Joinville, Vassy, les 5, 6 et 7 septembre matin. Après débarquement, le 21ᵉ C. A. doit se porter dans la région Montiérender-Longeville. Il relèvera de la 3ᵉ armée au point de vue du fonctionnement des services, *mais il sera initialement à la disposition du commandant en chef.*

Je n'ai pas reçu notification de cette instruction et ceci s'explique aisément, car le document daté du 4 septembre n'a dû parvenir que le 4 au soir ou plus probablement le 5 à la 1ʳᵉ armée à laquelle j'appartenais alors. Or, j'étais embarqué à Épinal pour Vassy le 4 au matin, c'est-à-dire avant l'arrivée de l'instruction. La 1ʳᵉ armée ne m'en a donc pas donné connaissance puisqu'elle ne l'avait pas reçue à mon départ ; la 3ᵉ armée, à laquelle j'étais rattaché à partir du 6, s'est bornée, comme on le verra plus loin, à me donner des ordres en vue de la marche du 7 septembre.

Je consacrai les journées des 5 et 6 septembre à voir les unités pendant la période de repos qui leur était laissée et à me rendre compte de l'état de leurs hommes et des cadres. C'est ainsi que je pus constater à la 13ᵉ division (qui venait de recevoir un nouveau chef, le général Bacquet) que si les effectifs étaient à peu près au complet, ils comprenaient une proportion de réservistes nouvellement arrivés des dépôts et non entraînés, supérieure au tiers des présents. Les cadres avaient subi des pertes énormes, les trois colonels des régiments 17ᵉ, 21ᵉ, 109ᵉ étaient remplacés par des lieutenants-colonels, au 17ᵉ bataillon de C. P. il ne restait plus un seul capitaine. J'y envoyai le capitaine Joly de mon état-major.

Je n'ai pas pu procéder à la même inspection à la 43ᵉ D. I. qui débarqua seulement le 6. Mais sa situation était plus difficile encore que celle de la 13ᵉ D. I., puisque, lorsqu'elle dut se mettre en marche le 8 septembre, l'une de ses brigades, la 85ᵉ (149ᵉ et 158ᵉ R. I.), dut se constituer à

quatre bataillons seulement, laissant en arrière
l'effectif de deux autres incapables de suivre.
Cette unité avait perdu son ancien chef, le général
Pillot, tout récemment appelé au commandement
de la 25ᵉ D. I. Cet avancement si mérité pri-
vait le 21ᵉ C. A. d'un officier général de haute
valeur.

J'insiste tout particulièrement pour signaler
l'état de fatigue et de manque d'entraînement
des hommes, conséquence inéluctable des combats auxquels le 21ᵉ C. A. avait pris part depuis
un mois et de l'afflux de réservistes provenant des
dépôts, il suffit à expliquer comment des unités
qui s'étaient jusqu'alors signalées par leur apti-
tude à la marche ont pu être aussi éprouvées
par l'effort qui leur fut demandé aussitôt après
leur débarquement en Champagne.

Il importe également de tenir compte de l'énorme
affaiblissement numérique des cadres subalternes
pour apprécier la capacité manœuvrière des unités
à cet instant précis de la campagne.

Le 21ᵉ C. A. étant rattaché à la 3ᵉ armée à
partir du 6 septembre, mon chef d'état-major se
rendit à cette date au rapport de l'armée, il en
revint avec des ordres en vue de la marche
ordonnée pour le lendemain vers le nord en direction d'Éclaron. En raison de ces ordres, les unités
de la 43ᵉ D. I. qui débarquèrent le 6 dans l'après-
midi et la soirée furent dirigées le plus possible
vers la zone voisine de la direction de marche

qu'ils devaient prendre le lendemain, c'est-à-dire vers la vallée de la Blaise.

L'ordre d'opérations pour le 7 septembre rédigé d'après les ordres reçus de la 3ᵉ armée était terminé et prêt à partir, lorsqu'un avis téléphonique nous parvint en vertu duquel le 21ᵉ C. A. passait à la 4ᵉ armée dont le P. C. était alors à Chavanges. Le chef d'état-major s'y rendit aussitôt et en revint vers 9 heures du soir avec ordre pour le 21ᵉ C. A. de gagner le plus rapidement possible, avec l'artillerie et toute l'infanterie disponible, la région Chavanges, Margerie-Hancourt située à 25 kilomètres à l'ouest de notre zone de cantonnement. Il se trouvait donc, par suite du changement de la destination attribuée au 21ᵉ C. A., que les mesures judicieusement prises pour diminuer la longueur de la marche et la fatigue des troupes allaient à l'encontre du but poursuivi, puisque, au lieu de se diriger vers le nord, le corps d'armée devait marcher à l'ouest. Il semblerait à la lecture de l'ordre particulier destiné au 21ᵉ C. A. que le G. Q. G. ait eu dès le principe l'intention d'employer le corps d'armée dans cette direction, mais on peut être alors surpris à bon droit du choix de la zone de cantonnement ainsi que du rattachement à la 3ᵉ armée au nord de ladite zone.

Bien que les cantonnements réellement occupés aient été situés à l'ouest de celle-ci et qu'ainsi ils se soient trouvés mieux orientés par rapport

à la direction de marche que le C. A. a dû prendre,
il n'en reste pas moins qu'en fixant comme il l'a
fait la zone de stationnement du C. A., le G. Q. G.
a imposé aux troupes l'obligation de parcourir
20 kilomètres environ de trop. L'effort inutile
qui leur fut ainsi demandé a eu, ainsi qu'on le
verra plus loin, de regrettables conséquences.

Il m'est impossible de connaître les circonstances ayant motivé les prescriptions initiales de
l'ordre particulier donné au 21ᵉ C. A., la divergence entre celles-ci et les dispositions de l'instruction générale nᵒ 5, enfin le changement d'affecta-
tion du 21ᵉ C. A. Y a-t-il eu rectification d'une
erreur ou modification imposée, c'est ce que je ne
tenterai pas d'éclaircir, mais les orientations suc-
cessives des cantonnements prescrites à l'officier
de débarquement démontrent qu'il y eut au
G. Q. G. des variations sur la direction initiale
à donner au corps d'armée.

Que le destin ou les hommes soient ici responsables, il n'en reste pas moins que le 21ᵉ C. A.
recevait ordre de se transporter latéralement de
la gauche de la 3ᵉ armée à la gauche de la 4ᵉ,
c'est-à-dire sur toute l'étendue du front occupé
par cette dernière afin d'être placé en face de
l'objectif qui lui était assigné. La marche à accomplir à vol d'oiseau était de 50 kilomètres du
centre de gravité de la zone de nos cantonnements
à la gauche de la 4ᵉ armée, ce qui impliquait un
trajet supérieur à 60 kilomètres pour certaines

unités. Telle était la tâche dévolue à des corps comptant en moyenne moitié de réservistes nouveaux venus avec des cadres réduits dans une proportion plus forte encore. Par surcroît, il fallut que les journées des 6 au 10 septembre fussent, on s'en souvient peut-être, exceptionnellement chaudes. Et, comme il arrive souvent, une autre cause de fatigue s'ajouta à toutes les précédentes : la région que le 21ᵉ C. A. eut à traverser, celle du camp de Mailly, se distingue par la rareté et la pénurie des points d'eau ; or, les unités vosgiennes habituées à circuler dans un pays sillonné partout de ruisseaux frais et abondants devaient plus que toutes autres souffrir de l'absence complète de rafraîchissement naturel.

Tel était l'état du 21ᵉ C. A., voici maintenant le détail des opérations.

Par l'ordre nº 51, daté du 7 septembre à 1 h. 30 (1), l'artillerie de corps, partant de Vassy

____

(1)   Q. G. de Vassy, le 7 septembre 1914, 1 h. 30.

ORDRE GÉNÉRAL D'OPÉRATIONS Nº 51
pour la journée du 7 septembre (1ʳᵉ partie).

I. — Le 21ᵉ corps d'armée, rattaché à partir du 7 septembre à la 4ᵉ armée, a ordre de gagner le plus rapidement possible, avec son artillerie et ses troupes d'infanterie disponibles, la région Chavanges, Margerie-Hancourt, pour coopérer à l'offensive de la gauche de la 4ᵉ armée.

II. — A cet effet :
L'artillerie de corps, partant de Vassy aussitôt que possible, se dirigera aux allures vives par Montiérender,

aussitôt que possible (3 heures), était dirigée aux allures vives sur Chassericourt (2 kilomètres nord de Chavanges), escortée à partir de Montiérender par le 4ᵉ régiment de chasseurs à cheval. La 13ᵉ division rompant à 4 heures de ses cantonnements se portait sur le même point. La 43ᵉ D. I. était maintenue sur place, mais avisée qu'elle aurait

Droyes, Bailly-le-Franc et Joncreuil, sur Chassericourt.

Elle sera escortée, à partir de Montiérender, par le 4ᵉ chasseurs à cheval (déjà prévenu).

L'ensemble de la colonne est placé sous les ordres du général Dumezil, commandant l'artillerie du 21ᵉ C. A. Cet officier général se portera de sa personne dè Bailly-le-Franc à Chavanges (poste de commandement de la 4ᵉ armée) pour prendre les ordres du général commandant l'armée.

III. — La 13ᵉ division, rompant de Vassy, à 4 heures, par le même itinéraire, se dirigera également sur Chassericourt ;

L'A. D. 13 marchera derrière le 1ᵉʳ bataillon du gros ;

L'escadron de réserve de Bailly-aux-Forges est mis à sa disposition pour couvrir sa marche.

IV. — La colonne sera suivie de ses trains de combat et des T. R. de la 13ᵉ division, de l'A. C. et des cinq escadrons marchant avec l'A. C. et la 13ᵉ division, sections pleines.

V. La 43ᵉ division sera maintenue dans ses cantonnements.

Un bataillon d'Attancourt viendra à Vassy pour assurer la garde du Q. G. du C. A. ;

L'escadron de réserve de Braucourt reste à sa disposition.

VI. — Poste de commandement du général commandant le C. A. : à Chavanges, à partir de 7 heures.

Rendez-vous aux liaisons en ce point à la même heure.

Le Q. G. du C. A. maintenu à Vassy.

à marcher le lendemain dans la même direction et invitée à en rapprocher celles de ses unités trop éloignées de Montiérender.

De ma personne, je me rendis à Chavanges où fut installé mon P. C. provisoire, je vis longuement le général de Langle de Cary, commandant la 4ᵉ armée. Il me fit connaître ma mission : prenant sous mes ordres la 23ᵉ division du 12ᵉ C. A. (général Masnou), établie face au nord au Meix-Tiercelin et un détachement du 17ᵉ C. A. aux ordres du colonel Breton composé du 63ᵉ R. I. et d'une batterie occupant alors la crête boisée comprise entre Humbauville et Sompuis, je devais avec la 13ᵉ D. I. prolonger la gauche de la 4ᵉ armée et passer ensuite à l'attaque générale face au nord. J'assignais comme premier objectif à la 13ᵉ division le lieu dit les Monts-Marins (5 kilomètres ouest de Saint-Ouen) dans le camp de Mailly, là elle devait s'orienter face au nord et attaquer en direction générale de Sompuis.

L'artillerie de corps s'établissait sous la protection de la 23ᵉ D. I. sur la crête entre le Meix-Tiercelin et la ferme du Tillat.

La cavalerie avait mission de rechercher le contour apparent de l'ennemi entre les coupures du Puits (tête à Sompuis) et de l'Huitrelle (tête à Poivres-Sainte-Suzanne) en protégeant vers l'ouest le mouvement du C. A.

La 43ᵉ D. I. qui, entre temps, avait été dirigée vers la région de Montmorency (sud de Chavanges) devait, dans la journée du 8, se porter sur celle de Dampierre (6 kilomètres sud de Saint-Ouen).

Mon P. C. était porté à Saint-Ouen, le Q. G. restant à Hampigny [ordre général n° 52 (1)].

(1)   Q. G. d'Hampigny, 7 septembre 1914.

ORDRE GÉNÉRAL D'OPÉRATIONS N° 52
pour la journée du 8 septembre.

I. — Ci-joint l'ordre général de la 4ᵉ armée n° 44 en date du 7 septembre (remis seulement aux divisions).
Offensive du 21ᵉ C. A.

II. — *a)* Demain 8 septembre :
La division Masnou du 12ᵉ C. A.,
Le détachement Breton du 17ᵉ C. A., établi sur la crête départementale du camp de Mailly,
Placés sous les ordres du général commandant le 21ᵉ C. A., poursuivront leur offensive dans les conditions ci-après :

Division Masnou. — Reprendra ses attaques sur le front occupé ce soir en fin de journée, se reliant à droite avec le 17ᵉ C. A. vers le Meix-Tiercelin ; à gauche avec la 13ᵉ division sur la ligne nord-sud Ferme-Neuve, ferme Lépine.

Elle commencera ses attaques lorsque les têtes de colonnes de la 13ᵉ division atteindront les Monts-Marins.

Détachement Breton du 17ᵉ C. A. — Tiendra ferme sur la crête départementale et dans les bois compris entre Humbauville et Sompuis pour étayer les attaques tant de la 13ᵉ division que celles de la division Masnou.

b) 13ᵉ *division d'infanterie.* — Rompant par ses têtes de colonnes du front Chassericourt-Chavanges demain 8 à une heure du matin, se portera par Margerie-Hancourt et Saint-Hutin, Corbeil, Saint-Ouen et le chemin de terre passant à Ferme-Neuve sur les Monts-Marins (ferme 6 kilomètres ouest de Saint-Ouen).

Dispositif de marche. — Par brigades accolées, celle

Le 21ᵉ C. A. tenait la gauche de la 4ᵉ armée, il avait à sa droite le 17ᵉ C. A., plus à l'ouest opérait la 9ᵉ D. C. (général de l'Espée) qui assurait la liaison entre la 4ᵉ et la 9ᵉ armée ; la droite de cette dernière (11ᵉ C. A.) devait être alors vers Connantray.

Ma mission pouvait se résumer ainsi : prolonger la gauche de la 4ᵉ armée et, en arrivant à hauteur des unités de celle-ci (23ᵉ D. I. et déta-

de droite en avant, l'artillerie entre les deux brigades, utilisant pour se défiler les bois compris entre Saint-Ouen et les Monts-Marins.

Arrivée aux Monts-Marins, elle s'articulera dans la région boisée environnante, face au nord, prête à attaquer dans la direction de Sompuis.

c) L'artillerie de corps (Saint-Ouen) s'établira pour 6 heures en arrière de la crête comprise entre le Meix-Tiercelin et la ferme du Tillat. Sa protection sera assurée par la division Masnou.

d) Cavalerie :

Opérant par la crête départementale, recherchera le contour apparent de l'ennemi entre les coupures du Puits et de l'Huitrelle sur le front général Poivres, Sainte-Suzanne, Sompuis.

Assurera en tout état de cause la protection vers l'ouest et vers le nord de l'offensive de la 13ᵉ division.

Rompra de ses cantonnements à 4 h. 30.

e) 43ᵉ division :

Bornera son mouvement demain 8 à un déplacement vers le nord-ouest de la région Montmorency dans la région de Dampierre.

Effectuera son mouvement en deux échelons :

85ᵉ brigade et A. D. 43. — Départ de Montmorency (gros de l'avant-garde) à 6 heures.

86ᵉ brigade. — Départ de Montmorency (gros de l'avant-

chement Breton) placées sous mes ordres, donner une impulsion vigoureuse à la marche en avant face au nord. Le succès de la gauche de la 4ᵉ armée devant entraîner la reprise de l'offensive au centre et plus à droite. On ne pouvait certes rêver mission plus honorable et, sans doute, le 21ᵉ C. A. l'eût-il rapidement et glorieusement accomplie s'il eût été encore dans l'état où je l'avais conduit à l'ennemi un mois auparavant, ou s'il avait pu être amené sans fatigue excessive en face de son objectif. Malheureusement, ses aptitudes manœuvrières n'étaient plus les mêmes et il dut accomplir le 7 une marche dure, en raison des circonstances que j'ai indiquées. A l'arrivée au cantonnement, la 13ᵉ D. I. et la 25ᵉ brigade établies cependant dans la même localité, n'assurèrent pas leur liaison, si bien que l'ordre d'opérations pour la journée du 8 mit deux heures ou même plus à parvenir de l'une à l'autre unité ; ce retard aggravait fâcheusement celui qui s'était déjà

garde) à 8 heures. Itinéraire : Montmorency, Pars-les-Chavanges, Léger-sous-Margerie, les Ormets, Dampierre.

Cette division restera provisoirement à la disposition du général commandant la 4ᵉ armée comme réserve d'armée.

III. — Les T. R. ne dépasseront pas jusqu'à nouvel ordre la voie ferrée Vitry le-François, Brienne.

IV. — Poste de commandement du général commandant le C. A. : Saint-Ouen à partir de 6 heures (rendez-vous aux liaisons).

Le Q. G. du C. A. maintenu à Hampigny jusqu'à nouvel ordre.

produit au Q. G. du 21ᵉ C. A. dans l'envoi de l'ordre. Or, cet ordre d'opérations prévoyait la mise en marche de la 13ᵉ D. I. à une heure du matin, tant pour assurer sa prompte arrivée sur le terrain que pour épargner aux troupes la fatigue résultant de la forte chaleur. Du manque de liaison que je viens de signaler comme aussi de l'état physique des troupes, il résulta un retard considérable dans le départ de l'infanterie de la 13ᵉ D. I. Au lieu d'arriver à la pointe du jour à hauteur du détachement Breton sur la crête d'Humbauville à Sompuis, la tête de colonne de la 13ᵉ D. I. n'atteignait que vers midi la crête départementale du camp de Mailly à 4 kilomètres en arrière. Et pendant cette matinée ainsi perdue, de fâcheux incidents se produisaient au détachement Breton : attaqué par l'ennemi en forces supérieures (1) et non soutenu du fait du retard de la 13ᵉ D. I., il devait abandonner la crête d'Humbauville et même les bois du versant sud dans lesquels l'ennemi s'installait. Ce dernier avait ainsi son front marqué par les fermes Nivelet, Pimbraux et le Tillat avec une batterie vers le signal de l'Ormet. Aussi, lorsque la 13ᵉ D. I. vint installer son artillerie sur la crête, fut-elle accueillie par un feu violent qui coûta à

____

(1) Ces forces étaient celles de la 23ᵉ division (du XIIᵉ corps) qui avait atteint Coole le 7 septembre et était poussée en direction de Sompuis et Humbeauville. Cette unité était reliée à l'est au XIXᵉ C. A. qui dirigeait une de ses colonnes sur la ferme la Cortine, tandis que l'autre appuyait la droite du VIIIᵉ C. A., droite de la IVᵉ armée allemande.

cette artillerie un commandant de groupe (commandant Tourde) et deux commandants de batterie. L'infanterie de la 25ᵉ brigade, 17ᵉ, 20ᵉ, 21ᵉ bataillons de C. P., vint rétablir la situation, se relier au détachement Breton à la ferme l'Épine et dans les bois au nord, occuper la ferme la Custonne sur la route des Fénus à Sompuis, ainsi que le bois à l'ouest de cette route et au sud de la crête de l'Ormet.

Les notes du lieutenant Cartier-Bresson contiennent de cet incident grave un récit très vivant que je ne puis mieux faire que de reproduire ici.

Départ à 2 heures du matin... Il paraît que nous nous portons vers l'ouest sur Margerie-Hancourt, peut-être plus loin, pour nous engager à l'aile gauche de l'armée.

A Joucreuil, nous sommes embouteillés par des colonnes d'infanterie. Une heure est perdue de ce fait et il fait grand jour lorsque nous traversons la voie ferrée de Vitry à Bar-sur-Aube.

Au passage de la cote 176 au nord de Chavanges, on voit des territoriaux travaillant fiévreusement à l'organisation d'une position de repli; on emporte de cette vision une impression heureuse. « Une armée derrière laquelle on travaille aussi bien doit se sentir solide. » La nouvelle d'un combat livré la veille à la Cortine où l'artillerie française a fait merveille remplit d'espoir l'auteur des souvenirs qui communique ses impressions autour de lui.

Par Saint-Utin, Corbeil, Brébant, le 62ᵉ d'artillerie gagne la ferme Laval-le-Comte qu'il atteint à 10 heures et demie, ayant dépassé les têtes de colonne de son infan-

terie. Il fait halte en ce point où vient le joindre le général commandant la 13ᵉ division. Le colonel Griache se porte en reconnaissance vers la crête qui le sépare des Monts-Marins, on aperçoit les pantalons rouges le long des bois sur cette crête. A ce moment, l'artillerie lourde ennemie bat vigoureusement la crête, nos fractions d'infanterie oscillent pour échapper aux effets du tir. A 11 h. 30 apparaissent les têtes de colonne de la 25ᵉ brigade, ordre est donné au 62ᵉ de s'installer en batterie vers la crête des Monts-Marins. Tandis que le 1ᵉʳ groupe y est déjà placé, le 2ᵉ (commandant Pajot) se dirige en suivant un petit ravin pour prendre position, le lieutenant Cartier-Bresson suit au galop son chef parti en reconnaissance.

Soudain la fusillade s'allume en un crépitement effréné. Des hurrahs retentissent. Je perçois de l'agitation autour des pièces qui se mettent à tirer à volonté à une cadence folle. La surprise fige mon élan. Je m'arrête et de tous mes yeux je cherche à distinguer le drame qui se joue là tout près à quelques centaines de pas. La vitesse du tir diminue, je vois tomber des hommes contre leurs canons ; puis, plus à droite, une longue ligne d'habits gris surgit sur la crête. Les balles maintenant sifflent autour de moi. Le commandant et mon camarade Henry reviennent à toute allure, ce dernier me lance quelques mots au passage. Je comprends vaguement : « Demi-tour, en batterie. » A mon tour, je pique brutalement ma pauvre jument et me précipite comme un fou sur mes échelons qui allaient franchir la crête. Je les rabats de suite vers le sud. « Face à gauche en bataille », et au galop ; en toute hâte nous dégageons le terrain où les canons du groupe exécutent aussitôt une vertigineuse mise en batterie. Deux minutes après, alors que je rassemble mon monde dans la cuvette de la « voie

Mazée », la musique claire et sèche de nos 75 se déchaîne en un fracas assourdissant.

Voici ce qui s'était passé. Le marmitage de la crête avait fait refluer les fractions d'infanterie chargées de la couvrir. Lorsque nos camarades du premier groupe vinrent occuper la position, l'infanterie allemande filtrant à travers les bois s'en trouvait très rapprochée. La 1ʳᵉ et la 2ᵉ batterie, les premières en position, avaient à peine commencé leur réglage sur de l'artillerie ennemie que les tirailleurs saxons surgissaient des bois à moins de deux cents mètres. Il y eut alors un instant terrible. Tandis que l'ennemi se précipitait vers les pièces en poussant de furieux « hourrahs », nos braves camarades, avec un sang-froid admirable, ouvraient sur lui le feu à volonté. De sanglantes trouées s'ouvrirent dans les compagnies assaillantes qui hésitèrent et fléchirent sous ces rafales d'explosifs. Mais d'autres fractions avaient déjà atteint la crête vers la droite. Elles se rabattirent, prenant les batteries de flanc et de revers. Sous leurs feux rapides et ajustés, nos hommes tombèrent en quelques instants. Une des premières victimes fut le brave commandant Tourde. Il était sur la crête debout, les bras croisés, sentant venir le désastre, il voulait néanmoins tenir tête au destin. Il fallut plusieurs balles pour le faire tomber. Quelques instants plus tard, le capitaine Rebuffet tombait, à son tour, perdant son sang par quatre blessures. Le capitaine de Metz était également hors de combat. Le personnel des batteries eut une tenue admirable. Il n'arrêta pas un instant le service des pièces malgré des pertes cruelles. Tous les chefs de pièce furent tués ou blessés. Les officiers, remplaçant les servants disparus, manœuvraient eux-mêmes volants et culasses. Ainsi furent blessés les lieutenants Hardouin et Casard.

Mais bientôt les rares survivants furent presque

enveloppés. Quelques-uns d'entre eux se défendirent à coups de mousquetons et se firent tuer sur leur pièce. Les autres se replièrent vers la gauche en combattant et en emportant leurs officiers blessés.

Le drame avait duré six à huit minutes. Les Allemands étaient maîtres de la crête et maîtres des deux batteries. La troisième, qui était encore sur roues, avait pu faire péniblement demi-tour, non sans subir des pertes sérieuses en hommes et en chevaux.

Le même sort nous était réservé, si le commandant Pajot n'avait pas pris la précaution de protéger notre marche par une crête secondaire.

Dans cette situation aussi imprévue que critique, notre commandant donna la mesure de son coup d'œil et de son caractère. Malgré la proximité de l'infanterie ennemie et quoique sans ordre, il n'hésita pas une seconde à se mettre en batterie pour arrêter l'attaque ennemie dont il avait senti l'importance. De là notre mise en batterie vertigineuse et l'ouverture de ce feu d'enfer. L'événement lui donna raison. Derrière les tirailleurs ennemis qui occupaient maintenant les batteries se pressaient plusieurs bataillons poussant hardiment vers le sud. Si l'ennemi avait pu couronner le signal d'Orgeval, tout le déploiement de notre division se fût trouvé compromis. L'intervention opportune du commandant Pajot, appuyée quelques instants plus tard par le 3ᵉ groupe, changea la face des choses. Non seulement l'ennemi ne put franchir la crête, mais encore nos rafales déchaînées en profondeur écrasèrent les colonnes saxonnes. Les centaines de cadavres couchés par monceaux dans le ravin des Monts-Marins témoignèrent de l'efficacité de notre action.

Sous la protection du feu, nos chasseurs à pied s'élancèrent en une brillante action, ils reprirent les batteries, puis franchirent la crête poussant furieusement devant eux. L'ennemi démoralisé par ces pertes ne put supporter ce nouveau choc et se replia précipitamment (abandonnant de nombreux prisonniers).

Ainsi, après une heure d'un violent accrochage et grâce au sacrifice de nos deux batteries, l'infanterie de la division enfin déployée commençait sa poussée vers le nord, refoulant sur Sompuis les formations ennemies qui avaient médité l'encerclement du 17ᵉ corps. Tel était pris qui voulait prendre.

. . . .

Nous sentions de manière très nette que cela marchait.

C'est dans cette situation que je trouvai la 13ᵉ D. I. lorsque je me portai auprès d'elle ; le trouble passager causé dans ses batteries avait été réparé, mais il était évident que la valeur tactique d'un groupe aussi éprouvé dans ses cadres devait se ressentir des pertes subies. Il ne fallait rien de moins que la vaillance et l'habileté du colonel Griache, commandant l'A. D. 13, pour obvier à ce grave incident.

Vers le même moment, les nouvelles qui nous parvenaient de la droite de la 9ᵉ armée étaient moins bonnes. Dans la matinée, les rapports des officiers lancés en reconnaissance (1) ne signa-

(1) J'ai eu déjà l'occasion de dire combien les officiers du 4ᵉ régiment de chasseurs (colonel Arthuis) avaient rempli avec zèle et intelligence les missions qui leur étaient confiées. Je retrouve les noms des lieutenants Arnaud, Tschupp, Morel, Dumont que je tiens à citer parce que ces officiers ont été de précieux auxiliaires du commandement. Je ne nomme que ceux-là, mais beaucoup d'autres de leurs camarades et de sous-officiers de

laient d'abord que le vide entre le Puits et l'Huitrelle, puis l'avance d'une colonne ennemie d'effectif indéterminé partant de Sommesous en direction de Mailly, éventualité à laquelle la 9ᵉ D. C.
faisait face en envoyant un escadron à Poivres.
Bientôt, le 11ᵉ corps m'avisait qu'il avait dû
évacuer Fère-Champenoise et qu'il s'efforçait de
tenir au sud de Connantray en demandant de
hâter la marche de la 13ᵉ D. I. vers Sommesous.
Enfin, à 11 heures du matin, partait également
du 11ᵉ corps un appel plus pressant ; il avait dû
occuper la crête au nord d'Œuvy et étendait son
front de la ferme Saint-Georges, 3 kilomètres sud
de Fère-Champenoise, à celle de la Maltournée
sur la grande route de Fère-Champenoise à Sommesous. Il signalait une forte colonne ennemie
en marche de Sommesous sur Montepreux, mena-
çant par conséquent de tourner sa droite (1).

Je comprenais fort bien la situation de mon
camarade du 11ᵉ corps et j'aurais voulu l'étayer,
mais je ne pouvais songer à diriger vers lui une
partie des unités de la 13ᵉ D. I. pour une double
raison. D'abord, c'est que j'avais reçu du commandant de la 4ᵉ armée la mission très précise
de me lier à la gauche de cette armée et d'attaquer en direction du nord, que cette partie du

ce régiment mériteraient aussi une mention que je ne puis leur
donner faute d'avoir conservé leurs noms.

(1) C'était la 23ᵉ division d'infanterie de réserve appartenant
au XIIᵉ C. A. de réserve.

front de l'armée subissait en ce moment une vigoureuse attaque de la part de l'ennemi et qu'il fallait avant tout la contenir, enfin parce qu'une distance de plus de 10 kilomètres me séparait du 11ᵉ corps et que les troupes de la 13ᵉ D. I. venaient d'accomplir depuis la veille et dans la matinée une marche de 50 à 60 kilomètres et se trouvaient en état de fatigue extrême.

L'appui que je pouvais apporter au 11ᵉ corps consistait donc à engager mes forces avec toute la vigueur possible vers l'objectif qui leur était assigné.

Tandis que la 13ᵉ D. I. se déployait dans les conditions que je viens de retracer et réussissait à contenir l'attaque ennemie, la 23ᵉ D. I., à sa droite, ne pouvait progresser vers le nord et se bornait à maintenir son front en avant de Meix-Tiercelin. J'avais reçu en effet de la 4ᵉ armée un ordre daté de 13 heures m'avisant que le 17ᵉ C. A., à ma droite, vivement pressé sur son front, avait perdu vers 11 heures la cote 208 et la ferme Cortine qui se trouve sur le parallèle d'Humbeauville ; il m'était ordonné en conséquence d'employer une partie de la 23ᵉ D. I. à soutenir le 17ᵉ C. A. L'attaque ennemie était menée par la colonne de gauche du XIXᵉ corps (88ᵉ brigade renforcée), appuyée de l'artillerie lourde du C. A. établie vers Maisons-en-Champagne.

A la fin de la journée la droite de la 13ᵉ D. I. avait quelque peu progressé et arrivait à la ferme le Tillat, mais ne pouvait enlever Pimbraux et Nivelet (1).

La 43ᵉ D. I. maintenue en réserve d'armée devait, dans la journée du 8, gagner la région

(1) Le général von Hausen, commandant la IIIᵉ armée allemande, apprécie comme il suit (*Erinnerungen an den Marnefeldzug 1914*, p. 202) le développement du combat devant le front du 21ᵉ C. A.

Il indique tout d'abord qu'il a partagé ses forces en deux groupes, celui de l'ouest (XIIᵉ corps de réserve et 32ᵉ D. I.) en liaison avec la IIᵉ armée (von Bulow) attaque le flanc droit de notre 9ᵉ armée, celui de l'est (XIXᵉ corps et 23ᵉ D. I.) en liaison avec la IVᵉ armée (duc de Wurtemberg) attaque le flanc gauche de notre 4ᵉ armée. C'est à une partie de ce groupe qu'eut affaire le 21ᵉ C. A.

Il ajoute :

« Bien moins considérables que ceux de l'ouest furent les progrès du groupe d'armée de l'est. Là, dès 6 heures s'ouvrit sur tout le front un feu d'artillerie cependant que l'ennemi offrait une puissante résistance. Afin de la briser, le commandant de la IIIᵉ armée ordonne à la 23ᵉ D. I. de s'emparer aussitôt que possible des hauteurs boisées à l'ouest de le Meix-Tiercelin pour appuyer de là la progression du XIXᵉ corps.

« Conformément à cela la division commença son mouvement qui, tout d'abord, principalement à l'aile droite, fit de bons progrès. Mais elle fut plus tard menacée par une forte colonne sur son flanc droit. Elle réussit toutefois à repousser l'infanterie ennemie en forces supérieures et à gagner progressivement du terrain dans les bois au nord-ouest de la ferme la Custonne. »

Il ajoute que sous l'action d'un feu d'artillerie lourde intense le XIXᵉ corps et la 23ᵉ D. I. durent s'arrêter et se borner à contenir l'attaque française.

De cette constatation du commandant de la IIIᵉ armée, il est permis de conclure que l'intervention de notre 13ᵉ division fut réellement efficace, en faisant observer toutefois que la 23ᵉ division allemande n'eut affaire qu'à notre 13ᵉ division et que par suite notre supériorité numérique est tout au moins contestable. La 23ᵉ division allemande comprenait, en effet, quatre régiments d'infanterie (100ᵉ, 101ᵉ, 108ᵉ, 182ᵉ), un bataillon de chasseurs, le 12ᵉ, le 20ᵉ régiment de hussards et deux groupes d'artillerie de campagne.

Dampierre-Vaucogne (10 kilomètres sud de Saint-Ouen), il lui était prescrit de partir aussitôt que possible afin d'éviter la forte chaleur.

Dès 6 h. 30, son chef, le général Lanquetot, m'avisait que la 85e brigade qui, dans la nuit du 7 au 8, s'était portée de la région Montiérender-Gervillers sur Montmoreux, ne pouvait se mettre en route avant 7 heures et seulement après avoir éliminé les éléments incapables de suivre. Le 149e R. I. avait reçu la nuit précédente un fort lot de réservistes n'ayant aucun entraînement. Deux bataillons de ce corps, cantonnés à Attancourt et Vassy, avaient déjà parcouru 34 à 38 kilomètres, non compris le surcroît de marche imposé aux éléments en avant-postes.

Dans ces conditions, le général Lanquetot décidait de maintenir à Montmorency les deux bataillons ci-dessus ainsi que les hommes fatigués et de réduire la 85e brigade à quatre bataillons de 800 hommes environ. Ces éléments parvenaient à Dampierre vers 16 heures, où ils étaient formés en cantonnement-bivouac, disposition imposée par le manque de ressources mais peu avantageuse pour rendre les forces à des hommes fatigués.

La 86e brigade partait de Ceffonds à 2 h. 30, arrivait vers Lentilles à 6 heures, s'y reposait trois heures et parvenait à Vaucogne entre 17 et 20 heures ; sa marche avait été de près de 40 kilomètres.

En résumé, la 43ᵉ D. I. avait dû dès son débarquement accomplir, dans la nuit du 7 au 8 et dans la journée du 8, une longue étape sans prendre un repos qui lui était d'autant plus nécessaire que (on s'en souvient peut-être) l'une de ses brigades, la 86ᵉ, avait été conservée en ligne à la 1ʳᵉ armée, le 4 septembre, vers la Chipotte, jusqu'à la dernière heure avant son embarquement.

Que cette unité dans l'état de non-entraînement de la moitié de ses hommes et avec des cadres appauvris n'ait pas eu le 9 septembre toute la vigueur et l'allant désirables, on ne saurait en bonne justice le reprocher à aucun de ses chefs. Cette situation eût été certainement toute différente si le 21ᵉ C. A. avait été débarqué et mis en stationnement dans une région plus rapprochée de celle où il devait être employé ou s'il avait été avisé de son rattachement à la 4ᵉ armée dès le 6 septembre au matin.

Je n'entends faire ici le procès de personne, mais simplement établir les faits avec l'exactitude qui seule permettra de déterminer la part de responsabilité de chacun.

Vers la fin de la journée, nous recevions un ordre de la 4ᵉ armée nous avisant que l'ennemi, ayant dû retirer ses armées d'aile droite, portait aujourd'hui un effort désespéré sur la 4ᵉ armée, qu'il n'avait d'ailleurs en arrière de son front aucune force disponible, tandis que la 4ᵉ armée recevait deux divisions nouvelles (celles du 21ᵉ C. A.). Le commandant de l'armée faisait appel à tous ses subordonnés pour maintenir leur front et permettre à ses forces disponibles de produire à sa gauche l'effort décisif d'où devait résulter le sort de la 4ᵉ armée et celui du pays.

Si l'on fait le bilan de cette première journée d'engagement, le 8 septembre, à la gauche de la 4ᵉ armée, on y relève un retard initial à l'entrée en ligne de la 13ᵉ D. I. qui a influé sur le recul du détachement d'extrême gauche (Breton). Ce retard compliqué de l'incident survenu dans l'engagement de l'A. D. 13 sur la crête départementale et de la fatigue des troupes a pour résultat d'amortir en partie l'effet de l'offensive de cette division qui ne fait ce jour-là que contenir sans la refouler au loin la vigoureuse poussée que l'ennemi exerce sur cette partie du front avec une division tout entière (1).

(1) Le général von Kuhl, qui fut chef d'état-major de la Iʳᵉ armée allemande, apprécie comme il suit, dans son ouvrage *Die Marnefeldzug* 1914 (p. 210), la situation des armées allemandes au centre de la ligne de bataille le 8 septembre :

« Le centre ne pouvait aux marais de Saint-Gond faire aucun progrès réel. Par contre, de grands résultats étaient obtenus à l'est. Là, l'aile gauche de la IIᵉ armée et la droite de la IIIᵉ rejetaient l'adversaire de Fère-Champenoise, Sommesous sur la coupure de la Maurienne (Corroy, Semoine). L'aile droite de la 9ᵉ armée était complètement battue, la brèche du front ennemi à Mailly paraissait ouverte pour la rupture. Une grande victoire était en vue.

« L'aile gauche de la IIIᵉ armée se heurtait à un ennemi en forces et ne réalisait aucun progrès réel au sud-ouest de Vitry-le-François. Derrière l'aile droite arrivait, le 8, la 24ᵉ D. R. Le commandant de l'armée croyait pouvoir en confiance envisager le 9 la continuation de l'offensive de son aile droite en direction

L'autre division déjà en ligne, la 23ᵉ, attendait de sa gauche une impulsion qui vint tardivement, elle est obligée par contre de se porter au secours d'une unité voisine du 17ᵉ C. A. refoulée par l'ennemi, elle ne peut donc progresser elle-même. Enfin, la division réserve d'armée (la 43ᵉ), dont l'entrée en ligne est escomptée pour assurer le succès des opérations du lendemain, est amenée sur sa position d'attente après une marche de jour et de nuit épuisante.

Sans doute de pareilles circonstances sont à la guerre monnaie courante ; il faut savoir, dira-t-on, insuffler à ses hommes le feu sacré et obtenir d'eux de durer le dernier quart d'heure qui emporte la victoire. Reste à déterminer à quel degré de fatigue sont arrivés les hommes, si leurs forces sont encore à la hauteur de l'effort qui leur est demandé, quelle est enfin la résistance de l'ennemi.

D'habitude, lorsque la victoire couronne des événements où le sort a été longtemps indécis entre les deux adversaires, on ne trouve que des fleurs pour celui qui fut heureux. Il devait en être autrement cette fois.

Pour le stationnement du 8 au 9, les troupes

sud-ouest de Sézanne afin de soutenir la 2ᵉ armée dans sa lutte difficile. »

Il résulte de là que l'aile gauche de la 4ᵉ armée française où précisément combattait le 21ᵉ C. A. et les unités qui y étaient rattachées parvenait bien réellement à contenir la progression des Allemands au centre de la bataille.

étaient maintenues sur les emplacements qu'elles occupaient à la fin de la journée ; la nuit était belle, le terrain sec, le bivouac n'aurait donc offert que le minimum d'inconvénients si l'eau avait été à proximité des troupes. Mais nous étions dans une région spécialement pauvre sous ce rapport, on ne trouvait d'eau et en petite quantité que dans les rares fermes (l'Épine, les Essertes) et aux Fénus. L'artillerie dut envoyer ses chevaux à Trouan pour s'abreuver et la cavalerie revenir à Saint-Pierre au ruisseau des Puits. On se rendra compte que dans ces conditions le repos réel **fut** de courte durée.

VII

BATAILLE DE LA MARNE (*suite*)
JOURNÉES DES 9, 10 ET 11 SEPTEMBRE

L'ordre n° 53 (1) pour les opérations du 9 septembre, établi en exécution des instructions de l'armée, définissait ainsi la mission.

Continuation de l'offensive générale ; le 21ᵉ C. A.

(1)   P. C. de Saint-Ouen, le 8 septembre 1914.

ORDRE GÉNÉRAL D'OPÉRATIONS Nᵒ 53
pour la journée du 9 septembre 1914.

I. — Demain 9 septembre, continuation de l'offensive générale.

Le 21ᵉ corps, disposant de la division Masnou (12ᵉ C. A.), doit attaquer dans le flanc droit et les derrières de l'ennemi. Direction principale de l'attaque Maisons-en-Champagne par le nord de Sompuis.

Le 17ᵉ C. A. appuiera de toutes ses forces l'attaque du 21ᵉ C. A.

II. — *Offensive du corps d'armée.*

a) 13ᵉ *division* (moins le 21ᵉ régiment d'infanterie maintenu en réserve), partant du front occupé ce soir 8, reprendra ses attaques dans la direction de Sompuis.

Se reliera à droite à la cote 196 (3 kilomètres ouest d'Humbauville) avec la division Masnou.

Couvrira vers l'ouest son offensive par de petits déta-

renforcé de la division Masnou (23°) devait attaquer dans le flanc droit et les derrières de l'ennemi, la direction générale de l'attaque étant prise vers Maisons-en-Champagne par le nord de Sompuis. Le 17e C. A. devait appuyer cette attaque.

chements de sûreté (cavalerie et infanterie) postés aux coulées des Fenus et de la Folie-l'Ormet.

Les attaques seront déclanchées à 6 heures.

b) Division Masnou, poursuivra son offensive vers le nord en prenant pour objectif d'attaque le front Galbodine ferme, Sompuis.

Progressera de part et d'autre de la voie romaine en assurant sa liaison tout d'abord :

A droite avec le 17° C. A., vers la ferme de Perrière ;

A gauche avec la 13e division, vers la cote 196 (3 kilomètres ouest d'Humbauville).

Commencera ses attaques à 6 heures, de manière à agir en union étroite avec la 13° division.

c) 43° division, rompant de Dampierre et Vaucogne avec tous ses éléments pouvant combattre, se portera par les bois au signal d'Orgeval prête à être employée suivant les circonstances soit au nord soit à l'est pour renforcer les attaques des troupes de première ligne.

Devra être rendue au signal d'Orgeval pour 7 heures, prête à combattre.

Portera en ce même point, pour 11 heures, soupe mangée, ses éléments fatigués, qui resteront provisoirement à la disposition du commandant de C. A.

d) Cavalerie. — Reprenant la mission assignée aujourd'hui 8, éclairera sur le front d'attaque et couvrira vers le nord et l'ouest l'offensive du C. A.

e) Seront maintenus en réserve :

1° A l'ouest de Saint-Ouen, à l'abri des bois, les troupes du détachement Breton ;

2° Au sud de la ferme des Essertes, le 21° régiment

A cet effet, la division Masnou recevait comme objectif le front ferme Galbodine (est de la voie Romaine), Sompuis. La 13ᵉ D. I. reprenait ses attaques en direction de Sompuis, se couvrant vers l'ouest par de petits détachements aux coulées des Fénus et de la Folie. L'heure fixée pour ces attaques était 6 heures.

La 43ᵉ D. I. devait quitter ses bivouacs de Dampierre-Vaucogne avec tous ses éléments en état de combattre et se porter par les bois, de manière à dissimuler sa marche à l'ennemi, sur le signal d'Orgeval (2 kilomètres sud des Monts-Marins) d'où elle serait employée suivant les circonstances pour renforcer les attaques soit vers le nord, soit vers l'est.

Le détachement Breton était mis en réserve, La cavalerie reprenait sa mission de la veille. Je m'établissais en permanence à mon P. C. de Saint-Ouen.

Les premiers rapports de reconnaissance de la cavalerie (lieutenant Morel), datés de 2 h. 30, me signalaient l'entrée à Mailly d'un bataillon et un escadron ennemis venant de Montepreux et Sommesous ; à 7 h. 15, la 9ᵉ D. C. tenait encore la lisière

d'infanterie. Tous ces éléments en place pour 6 heures.

III. — Les T. R. seront maintenus groupés par brigades en dehors des routes dans la zone des cantonnements.

IV. — Le Q. G. du C. A. est maintenu jusqu'à nouvel ordre à Hampigny.

Permanence du poste de commandement à Saint-Ouen.

Rendez-vous aux liaisons à 6 heures.

nord de Mailly-le-Petit, mais on me prévenait que sa résistance ne pourrait être longue ; on confirmait l'occupation de Montepreux et Sommesous par l'ennemi qui avait établi de forts retranchements le long de la voie ferrée.

Rien de cela n'était de nature à modifier mes dispositions d'attaque, mais j'étais plus que jamais fondé à me flanc-garder sur ma gauche, préoccupation à laquelle répondait l'installation de détachements aux Fénus et à la Folie.

J'en étais là lorsque le général de Langle arriva de bonne heure à mon P. C. de Saint-Ouen pour me confirmer et préciser ses instructions :

Il existe un trou, dit-il, dans la ligne ennemie dont Sompuis marque l'extrême droite, plus loin il n'y a rien. Dans ces conditions, la 43e D. I. doit faire un mouvement débordant en passant à l'ouest de la crête départementale de manière à ne pas se laisser accrocher, puis marcher droit au nord en prenant pour direction le signal de Sompuis (4 kilomètres ouest du village) et se rabattre vers l'est sur Maisons-en-Champagne.

Afin d'être bien certain que ses ordres seraient exécutés, il désignait l'un des officiers de mon état-major, le capitaine Hucher (il ne pouvait d'ailleurs mieux choisir), pour les porter lui-même au général Lanquetot et en suivre l'exécution en marchant auprès de ce dernier.

Dans la pensée du commandant de la 4e armée, il semblait qu'aucun obstacle ne devait arrêter la marche de la 43ᵉ D. I., dont le succès ne pouvait être mis en question. C'était peut-être faire trop bon marché des éléments ennemis signalés à Mailly et Sommesous dont la présence pouvait donner à supposer une liaison quelconque entre eux et les forces occupant Sompuis et l'Ormet (1).

La 43ᵉ D. I. s'était mise en marche entre 4 et 5 heures en suivant les bois, sa tête arrivait vers 9 heures à la ferme d'Orgeval où le capitaine Hucher se présenta au général Lanquetot pour lui transmettre les ordres de la 4ᵉ armée. Le général se rend compte de la nécessité de dérober son mouvement et, comme à ce moment il est

(1) Il ressort des indications fournies par Baumgarten, comme par von Hausen, que la IIIᵉ armée allemande opposée à la gauche de la 4ᵉ armée française et à la droite de la 9ᵉ s'était partagée en deux groupes : à l'est, XIXᵉ C. A. et 23ᵉ D. I. (von Elsa) dont la droite était à Sompuis ; à l'ouest le XIIᵉ C. A. R. et la 32ᵉ D. I. (du XIIᵉ) (von Kirchbach), en soutien de la IIᵉ armée, ce groupe appuyait sa gauche à Sommesous (ultérieurement Mailly). Le vide existant entre ces deux groupes fut rempli, dès le 7, d'abord par un détachement du XIIᵉ C. A. à Soudé-Sainte-Croix qui, ayant rejoint la 23ᵉ D. I., fut remplacé par un bataillon du 134ᵉ R. I. En outre, le 8 à midi, le général von Kirchbach portait au S. E. de Sommesous un bataillon d'infanterie et un groupe d'artillerie.

La distance de Sommesous à Sompuis est exactement de 7 kilomètres. Soudé-Sainte-Croix, en arrière de la ligne joignant ces deux localités, est à 4 kilomètres de la première, 3 kil. 5 de la seconde. Les deux bords de l'intervalle existant entre les groupes de la IIIᵉ armée étaient donc tenus par de l'artillerie (1 groupe A. C. au sud-est de Sommesous ; un bataillon d'artillerie à pied au nord-ouest de la station de Sompuis) qui permettait de le battre de feux efficaces. Le front ennemi, sur lequel marchait la 43ᵉ D. I., pouvait donc être assimilé à une ligne bastionnée dont les flancs étaient puissamment garnis d'artillerie et la courtine gardée par de l'infanterie, cette courtine constituait le premier objectif assigné à la 43ᵉ D. I.

survolé par un avion ennemi, il prescrit à la
86e brigade, tête de colonne, de se porter par les
bois à l'ouest d'Orgeval sur les Fénus, la Folie
et le signal de Sompuis. La 85e brigade (réduite
à quatre bataillons) suivra le mouvement de la
86e.

Le mouvement commence vers 10 heures, mais
il est lent en raison du passage au travers des boc-
queteaux, les hommes sont fatigués, la chaleur
lourde, on atteint le point d'eau des Fénus à
13 h. 15, on en repart à 14 heures (on n'atteindra
la Folie qu'à 16 h. 30) et on commence à recevoir
les coups d'une batterie ennemie située vers
l'Ormet à laquelle on ne peut riposter parce que,
sur la droite de la 43e D. I., la 25e brigade est
engagée dans les bois de la crête de l'Ormet,
qu'on ignore à la 43e D. I. la situation exacte de
ses éléments de tête et que le général Barbade
a demandé qu'on ne tire pas de ce côté. Le feu
de la batterie ennemie coûte au 4e régiment de
chasseurs le lieutenant-colonel Duvernoy. En arrivant aux Fénus, la 43e D. I. reçoit avis que, sur la
gauche, la 9e D. C. est au sud de Mailly et qu'elle
n'avait plus dans ce village à 11 heures que ses
cyclistes avec un escadron ; elle s'efforcera de
tenir le plus longtemps possible dans Mailly, mais
elle fait prévoir que pour assurer sa mission de
couverture du flanc droit de l'armée Foch elle
devra se replier entre les vallées de l'Huitrelle
et de l'Herbissonne. En fait, elle atteignait Alli-

baudières (8 kilomètres sud de Mailly) dans le courant de la journée et son chef n'estimait pas possible de se porter le lendemain au delà de Villiers-Herbisse sur l'Herbissonne et de Dosnon sur l'Huitrelle. La 43ᵉ D. I. apercevait au loin sur sa gauche la poussière des colonnes de la 9ᵉ D. C. se dirigeant vers le sud.

A 15 h. 45, le capitaine Rondet du 4ᵉ chasseurs établi au nord-ouest des Fénus signalait une colonne allemande de toutes armes débouchant de Mailly sur Trouan.

A 16 heures, le capitaine Brindejonc des Moulinais observait en avion un régiment ennemi rassemblé au nord de Mailly, un autre régiment d'infanterie en marche de Soudé-Sainte-Croix sur Poivres (renseignement parvenu à 17 h. 30) (1). Il

(1) Ces renseignements concordent avec les indications de Baumgarten (p. 122-125) d'après lesquelles la 23ᵉ D. I. R. atteint dans l'après-midi du 9 septembre la hauteur 179 au sud de Mailly et pousse son avant-garde sur Trouan. L'auteur allemand fait ressortir la situation en pointe de la 23ᵉ D. I. R. et la menace qu'elle exerce sur la progression vers le nord du 21ᵉ C. A. français ; il exagère toutefois l'importance de cette menace en disant (p. 125) qu'elle nous a obligés à retirer la moitié de notre force d'attaque, la 43ᵉ D. I. tout entière. Il suffit simplement de relever cette exagération, l'exposé des mouvements de la 43ᵉ D. I. la rectifie d'une manière suffisante.

Von Hausen retrace (p. 205) comme il suit le développement du combat du 9 septembre devant la 23ᵉ division allemande :

« Au groupe d'armée de l'est, la 23ᵉ division se vit de grand matin couverte d'un violent feu d'artillerie qui ne faiblit pas avant midi et imposa de grandes difficultés à son attaque. Pendant la journée, le combat dans les bois au sud et au sud-ouest de Sompuis se poursuivit avec des succès alternatifs, la division garda cependant les positions qu'elle avait conquises. L'attaque dirigée sur son flanc droit par des forces supérieures s'arrêta

paraissait donc que le vide vers lequel la pensée du commandant de l'armée dirigeait la 43e D. I. se comblait de plus en plus et qu'une menace se dessinait nettement sur la gauche de cette unité, alors que de droite elle recevait des coups de canon.

Sagement, le général Lanquetot, dans cette situation, décide de couvrir sa marche du côté de l'ouest en portant une flanc-garde d'un bataillon du 158e à la cote 173 (extrémité ouest du bois dont la Folie occupe la lisière est). La marche se poursuit néanmoins sur la Folie, mais, en abordant le plateau au sud de ce point, on est accueilli par les feux d'artillerie partant de l'Ormet et on aperçoit une colonne ennemie, qu'on évalue à un bataillon, entre Mailly et Poivres (1).

La 43e D. I. ne dépasse pas la Folie qu'elle a atteint vers 16 h. 30 et où, pour la nuit, elle laissera le 1er bataillon de C. P. tandis que le reste des troupes revient aux Fénus, seul point d'eau de la région.

J'ai tenu à exposer aussi complètement que me permettent de le faire les documents dont

s'éclipsant sous la menace de l'avance sur Mailly de la 23e division de réserve. »

Le chef de la IIIe armée allemande s'exagère lui aussi l'effet produit par cette dernière unité.

(1) Il est possible, sans cependant qu'on puisse le contrôler par les documents allemands, que cette colonne soit partie de Sommesous où précisément von Kirchbach avait une flanc-garde ou qu'elle ait été détachée de la 23e D. I. R. qui était alors maîtresse de Mailly.

j'ai pu avoir connaissance, les conditions du mouvement de la 43ᵉ D. I parce que cette unité était appelée dans la pensée du commandement de la 4ᵉ armée à produire l'événement de la journée. On a vu dans quelles conditions elle a été engagée, quelles circonstances ont ralenti son mouvement, je laisse à ceux qui me liront de décider si j'aurais pu par un moyen quelconque modifier la tournure des choses. Jamais je ne me suis mieux rendu compte que ce jour-là de la profonde vérité de cette parole du général Maillard : « Il n'y a pas de vitesse normale de marche de l'infanterie ; il n'y a que la vitesse du jour, fonction d'éléments très variés dont la plupart échappent à l'action du chef. »

Tandis que le mouvement conçu et ordonné par le commandant de la 4ᵉ armée à son extrême gauche n'aboutissait en fin de journée qu'à un commencement d'exécution, mais sans résultat décisif, les 13ᵉ et 23ᵉ D. I. n'obtenaient pas non plus une décision complète.

La 13ᵉ division rencontrait une vigoureuse résistance ; elle réussissait toutefois à sa gauche à gagner du terrain dans les bois au sud de l'Ormet, elle obligeait à se retirer la batterie ennemie établie en ce point ainsi que les forces d'infanterie occupant les bois au nord de Montagny. Le 17ᵉ bataillon de C. P. a même rendu compte qu'il tenait le signal de l'Ormet, toutefois il est possible qu'une erreur se soit produite sur le point désigné comme tel. A droite, la 13e division ne parvenait pas à chasser l'ennemi des fermes Pimbraux et Nivelet où il faisait preuve d'une extrême ténacité. L'ensemble de l'action de cette unité constitue bien cependant une avance réelle (1).

La 23e division gagnait un peu de terrain vers sa gauche dans les bois à l'ouest d'Humbeauville, mais échouait dans son attaque sur la ferme Galbodine, les éléments du 17e C. A. situé à sa droite n'ayant réalisé non plus aucune progression.

(1) La *Bataille de la Marne*, par G. BABIN, contient l'indication suivante sur les forces opposées à la 13e D. I., le 9 septembre (p. 60).

« ...La 13e division qui entre en action attaque, dans la direction de la ferme Pimbraux et de l'Ormet, la 23e division du XIIe saxon qu'elle a devant elle. Celle-ci avait ordre de se former en ligne avec ses deux brigades pour attaquer entre Humbeauville et les bois à l'ouest de la ferme la Custonne, gardant un bataillon en réserve au sud-est de l'Ormet et deux au sud de l'ancienne croix d'Étienne-Person. Cet engagement est extrêmement violent. En dépit de l'artillerie lourde en position au nord-est de Sompuis, qui la soutient, la ligne saxonne finit par céder à l'effort de la 13e D. I. ; deux bataillons de chasseurs saxon (nos 108 et 11), mal engagés, reçoivent l'ordre de battre en retraite. Ils se replient dans le plus grand désordre sous le feu de notre artillerie... A 18 h. 30, notre gauche a progressé vers Sompuis jusqu'à la limite des bois qui sont au sud de la localité.

« On signale la marche d'une colonne ennemie, venant de Mailly dans la direction de Trouan le Petit. D'autre part, l'ennemi semble concentrer des forces dans la direction de Coole-Maisons-en-Champagne et la 49e brigade mixte de landwehr (XVIIIe corps actif) est signalée près de Vitry-le-François. »

J'ignore à quelle source ont été puisés ces renseignements et leur degré d'exactitude ; s'ils ne concordent pas absolument avec les indications de Baumgarten, ils n'en diffèrent pas cependant au point de devoir être éliminés. Ces dernières sont muettes sur la brigade de landwehr dont il est question ci-dessus.

Je donne ci-dessous le texte de l'ordre que j'avais adressé à ces deux unités après avoir reçu les instructions du commandant de l'armée qu'il ne fait que reproduire. Si j'insiste sur les dispositions qu'il contient, c'est pour montrer que j'assignais à la 13ᵉ D. I. non pas seulement Sompuis comme objectif, mais aussi la crête au nord de l'Ormet.

ORDRE D'OPÉRATIONS POUR LE 9 SEPTEMBRE

La 13ᵉ D. I., disposant de tous ses éléments, y compris le 21ᵉ R. I., va pousser énergiquement son attaque dans la direction de Sompuis, s'appuyant à droite sur les éléments de la 23ᵉ D. I. qui occupent les bois de la cote 196. Elle débordera par le nord l'ennemi établi dans les fermes Pimbraux et Nivelet, et viendra occuper la lisière nord des bois 187, 197 ; par sa gauche, elle poursuivra son mouvement par la crête de l'Ormet vers 222 et 218.

Elle constituera ainsi, sur la ligne de crêtes de l'Ormet et entourant Sompuis, un front qu'elle devra rendre inviolable et duquel elle tiendra l'ennemi sous sa menace.

La 43ᵉ D. I. reçoit mission d'exécuter une manœuvre débordante par les Fénus, la Folie, le signal de Sompuis, d'où elle marchera sur Maisons-en-Champagne.

Le succès de cette manœuvre dépend de l'énergie avec laquelle la 23ᵉ et la 13ᵉ D. I. entretiendront le combat de front : il importe donc que tout le monde se dépense sans mesure pour atteindre ce résultat.

Ayant été avisé que la droite de la 9ᵉ armée (11ᵉ C. A.) avait dû se replier au sud de la ligne Semoine-Gourgançon, je jugeais utile d'assurer la sécurité du C. A. contre une menace ennemie partant de Mailly ; dans ce but, je prescrivis d'établir aux Fénus le 10e bataillon de C. P. en flanc-garde (1).

Je dois signaler à ce propos qu'à la fin de la journée je vis arriver à mon P. C. le lieutenant Dumont du 4e chasseurs à cheval venant de Poivres où il affirmait qu'aucun détachement ennemi n'avait pénétré. J'avais toute confiance dans cet officier dont l'énergie et la perspicacité avaient fait leurs preuves, mais je ne pouvais cependant tenir pour nuls et non avenus les nombreux rapports qui m'étaient parvenus dans la journée signalant la présence de l'ennemi à Mailly, voire même au sud de la localité et sur le chemin de Poivres. Il y a là une énigme dont je n'ai pu encore trouver la clé.

Cette journée du 9 se terminait donc sans que le 21e C. A. eût pu accomplir la mission qui lui était assignée et je ne me dissimulais pas l'im-

____

(1)   Saint-Ouen, 9 septembre, 18 h. 30.

ORDRE AU 10e B. C. P.

La 43e D. I. poursuit son mouvement vers le nord, sa tête de colonne est au delà de Montagny. L'ennemi est signalé à Mailly, ses colonnes se dirigeant vers le sud, l'une d'elles dans la direction de Trouan.

Pour se couvrir de ce côté, le commandant de la 43e D. I. a posté un bataillon du 158e et une batterie à la cote 173 (1 500 mètres sud-ouest de la Folie).

Au reçu du présent ordre, portez-vous aux Fénus, pour y servir de flanc-garde de corps d'armée.

Signé : LEGRAND.

pression que ce résultat négatif pouvait produire dans l'esprit de mon chef, mais il ne m'apparaissait pas que j'en dusse attribuer la cause à un défaut d'action personnelle. J'avais au cours de la journée vu mes divisionnaires et insisté auprès d'eux pour les stimuler, j'étais intervenu en rendant à la 13ᵉ D. I. son régiment, le 21ᵉ, que je tenais en réserve, je ne vois pas encore à l'heure présente ce que j'aurais pu faire de plus (1).

(1) D'après Baumgarten (p. 127), la IIIᵉ armée allemande aurait reçu le 9 septembre à 1 h. 15 après-midi avis de la retraite de la IIᵉ armée, elle aurait prescrit à 2 h. 15 les mouvements préparatoires pour les trains ainsi que l'envoi de pionniers sur la Marne en aval de Châlons pour y établir des ponts, à 4 h. 30 le groupe de droite (von Kirchbach) aurait commencé le mouvement en laissant des arrière-gardes sur la rive nord de la Somme jusques et y compris Sommesous, à 5 h. 30 le groupe de gauche aurait reçu un ordre analogue et devait se couvrir d'arrière-gardes sur la ligne Soudé-Coole-Maisons-en-Champagne. Toutefois sur avis de la IVᵉ armée, qui prolongeait la IIIᵉ à l'est, que le recul du XIXᵉ corps placerait le VIIIᵉ dans une situation intenable, le XIXᵉ conserva ses positions. La 23ᵉ D. I., après avoir fortement occupé la ligne Sommesous-Soudé à la chute du jour, devait se retirer sur Bussy-Lettrée, mais elle fut maintenue à Soudé-Coole le 10 septembre de manière à protéger le flanc droit du XIXᵉ corps (a).

On voit donc que les mouvements exécutés par l'ennemi après la chute du jour le 9 septembre et le 10 au matin eurent pour effet de consolider par de l'infanterie en forces appréciables la fermeture de la trouée Sommesous-Sompuis assurée principalement jusque-là par des feux d'artillerie. On s'explique ainsi que la progression de notre 43ᵉ D. I., indépendamment des causes

(a) Das XII Armeekorps, das befehlsgemäss, die 23. I. D. mit den Vortruppen bei Sommesous-Soudé, mit dem Gros bei Bussy-Lettrée am Abend zuvor belassen hatte, wurde daraufhier 8. 20 vormittags beauftragt, starke Kräfte in gegend Soudé bereitzuhalten, um die rechte Flanke des XIX. A. K. zu decken. Diesem Befehl wurde durch Entsendung der 23-I. D. in Gegend Soudé-Coole entsprochen (BAUMGARTEN, *op. cit.*, p. 141).

Mes ordres en fin de journée sont résumés dans l'instruction particulière nº 176 ci-dessous :

Saint-Ouen, 9 septembre, 22 heures.

INSTRUCTION PARTICULIÈRE Nº 176
POUR LES 13ᵉ, 23ᵉ ET 43ᵉ D. I.

La journée d'aujourd'hui 9 septembre semble, d'après les comptes-rendus parvenus jusqu'ici, n'avoir été employée à la 13ᵉ D. I. qu'à amorcer sérieusement l'offensive sur Sompuis.

Il importe demain 10 de la réaliser, et d'engager à cet

qui l'ont retardée, n'ait pu se poursuivre dans les conditions qu'avait espérées le commandant de la 4ᵉ armée.

N.-B. — Les heures indiquées ci-dessus, empruntées à un ouvrage allemand, sont en avance de 60 minutes sur l'heure française.

Von Hausen (p. 206-208) indique la décision qu'il a prise le 9 septembre, au reçu de l'ordre de retraite, de maintenir de fortes arrière-gardes sur la ligne Soudé-Coole-Maisons-en-Champagne.

Puis, ayant reçu à 10 h. 40 du soir par T. S. F. l'ordre de maintenir son armée au sud de Châlons-sur-Marne, afin de reprendre l'offensive aussitôt que possible le 10 septembre, il assigna à son armée pour le lendemain la ligne ci-après à occuper :

XIXᵉ corps à l'ouest de Vitry-le-François en liaison avec le VIIIᵉ.

XIIᵉ corps, Bussy-Lettrée-Vatry-Soudrac.

XIIᵉ de réserve, Trecon-Chaintrix-Thibie.

Toutefois il parut impossible d'exécuter immédiatement ce mouvement de recul sans encourir le risque de fortes pertes, les troupes étant en contact avec l'ennemi. Aussi le commandant du XIIᵉ corps se décida-t-il à attendre l'entrée de la nuit pour se retirer, tandis que le XIXᵉ corps maintenait ses troupes sur place.

Il est permis de conclure de cette décision que si le 9 septembre au soir les forces ennemies opposées au 21ᵉ corps ne se sentaient pas encore contraintes à une retraite immédiate, elles avaient tout au moins perdu leur liberté d'action et se voyaient réduites à l'attendre de l'obscurité de la nuit. Cette conclusion paraît justifiée par ce fait que le groupe de l'ouest de la IIIᵉ armée qui avait réussi à progresser nettement en refoulant celles de nos forces qui lui étaient opposées a pu, au contraire de ce qui s'est passé pour le groupe de l'est, opérer sa retraite vers le nord sans aucune difficulté le 9 septembre dès 4 h. 30 au dire de von Hausen.

effet toutes les forces nécessaires. Il est indispensable d'obtenir au plus tôt la crête de l'Ormet-197, pour marcher de là dans la direction ouest de Sompuis.

La 43ᵉ D. I. poursuivra énergiquement son mouvement dans la direction signal de Sompuis, sans se préoccuper autrement des menaces pouvant venir de l'ouest qu'en détachant la flanc-garde nécessaire.

Le bataillon des Fénus et le bataillon de la cote 173 semblent jusqu'à nouvel ordre suffire à cette mission.

D'ailleurs la 9ᵉ D. C. qui opérera demain entre Huitrelle et Herbissonne, sur le front Villiers-Herbisse-Trouan, concourra à la protection du flanc-gauche du 21ᵉ C. A.

Le commandant de C. A. fait appel à toute l'énergie des commandants de D. I. pour que la journée de demain amène la réalisation des ordres donnés par le général commandant la 4ᵉ armée.

Signé : LEGRAND.

J'appelle l'attention sur l'ordre donné à la 13ᵉ D. I. de s'emparer de la crête Ormet-cote 197 (orientée nord-nord-ouest) à 3 kilomètres ouest de Sompuis, on verra plus loin l'intérêt qui s'attache pour moi à cette indication.

Le stationnement du 9 au 10 se fit dans les mêmes conditions que celui de la veille, on s'était efforcé de réunir tous les tonneaux qu'on avait pu trouver afin d'assurer le ravitaillement des troupes en eau. La cavalerie et l'artillerie devaient encore, comme la veille, effectuer de longues marches pour abreuver les chevaux.

Je passai la nuit à mon P. C. d'où j'envoyai l'ordre d'opérations nᵒ 54 pour la journée du 10 qui comportait la reprise de l'offensive dans les mêmes conditions que la veille dès 6 heures du matin. Je ne conservais en réserve que les deux bataillons fatigués du 149e au signal d'Orgeval, le 10e bataillon C. P. en flanc-garde aux Fénus et le 63e du détachement Breton (1).

(1)   P. C. de Saint-Ouen, 9 septembre 1914, 19 heures.

ORDRE GÉNÉRAL D'OPÉRATIONS Nº 54
pour le stationnement du 9 septembre soir
et la journée du 10.

I. — Ce soir 9, les troupes stationneront sur place sous la protection de solides avant-postes de combat.
Permanence du P. C. du général commandant le C. A. à Saint-Ouen.

II. — Demain, 10, reprise de l'offensive par les trois divisions (13e, 23e et 43e divisions) dans les mêmes conditions qu'aujourd'hui 9.
Toutes les attaques seront déclanchées à 6 heures.

III. — Seront maintenues en réserve à la disposition du général commandant le C. A. :
1º Les deux bataillons du 149e (43e division) au signal d'Orgeval ;
2º Le 10e bataillon de chasseurs, établi en flanc-garde aux Fénus ;
3º Le 63e régiment d'infanterie (détachement Breton) à la ferme de l'Épine.
Toutes les troupes prêtes à marcher à 5 heures.

IV. — *Cavalerie :* Reprendra demain sa mission d'aujourd'hui 9. Devra en outre reconnaître la force et les directions de marche des colonnes ennemies signalées ce soir à Mailly.
Établira pour 4 heures à la croisée de chemins entre la ferme Laval-le-Comte et le signal d'Orgeval un poste de correspondance (un brigadier et six cavaliers) destinés à relier la 43e division avec le P. C. du 21e C. A.

V. — Les T. R. seront maintenus groupés par brigade

C'était encore à l'aile gauche, 43ᵉ D. I., que devait incomber la mission principale dont le succès déterminerait la progression des unités à sa droite et gagnerait ainsi successivement le front de l'armée.

Le général Lanquetot, craignant que les bataillons de C. P. de la 86ᵉ brigade qui, la veille, tenaient la tête de colonne, n'eussent pas été ravitaillés, fait partir en avant la 85ᵉ brigade réduite à trois bataillons (le quatrième tenant la flanc-garde à la cote 173). Ce changement imposé par les circonstances n'en est pas moins une cause de retard dans l'exécution du mouvement. La colonne suit l'itinéraire la Folie, Montagny, cote 191, signal de Sompuis, sa tête n'arrive à Montagny qu'à 9 heures. Lorsque l'état-major de la 43ᵉ D. I. atteint vers 10 h. 30 le signal de Sompuis, avec les reconnaissances d'artillerie, on aperçoit défilant sur la grande route de Sommesous à Vitry de longues colonnes ennemies de toutes armes (1).

en dehors des routes dans la zone de leur stationnement.

VI. — Le Q. G. du C. A. fonctionnera à Dampierre à partir de midi.

Permanence du poste de commandement à Saint-Ouen.

Rendez-vous aux liaisons à 5 h. 30.

(1) D'après Baumgarten, ces rassemblements étaient ceux des trains et des éléments à mettre en route les premiers dans le mouvement de retraite des XIIᵉ et XIXᵉ C. A. Il y aurait donc eu de notre part erreur sur la composition des colonnes mais leur existence est confirmée. Il serait permis toutefois d'avoir sur la nature de ces rassemblements ennemis une opinion différente d'après le passage suivant de von Hausen (p. 210) :

« Le matin (du 10), une attaque française contre la droite du

L'infanterie ennemie occupe les passages de la voie ferrée, le 158ᵉ attaque ceux de la cote 200, mais dès que ses éléments ont dépassé la lisière des bois sur la pente dévalant vers la voie ferrée, ils sont accueillis par un feu violent d'artillerie bien repéré qui s'allonge ensuite pour atteindre les unités en réserve, notamment le bataillon du 149ᵉ dont le chef est mortellement blessé. Notre artillerie qui avait été maintenue en arrière vers les Fénus, sans doute parce que ses chevaux n'avaient pas achevé l'abreuvoir et qui, peut-être, marcha trop méthodiquement de crête en crête, n'arrive en position qu'une demi-heure après l'ouverture du feu ennemi.

L'attaque sur les passages à niveau est reprise ; le 158ᵉ marchant sur celui de la cote 200, le bataillon du 149ᵉ sur celui situé à 800 mètres à l'ouest, mais elle échoue une seconde fois sous les feux de l'artillerie lourde.

A 17 h. 30, nouvelle tentative du 158ᵉ sur la cote 200 qu'il réussit à atteindre, mais sans pouvoir dépasser la voie ferrée.

A la nuit tombante, ordre de la division de reprendre les attaques sur les mêmes objectifs, le

XIXᵉ corps maintenu dans ses positions se faisant menaçante, le XIIᵉ corps fut avisé de conserver dans les environs de Soudé des forces importantes, afin de pouvoir contenir par une attaque un mouvement tournant de l'ennemi. Cette intervention de la 23ᵉ division placée à Soudé fut nécessaire au cours de l'après-midi pour rejeter victorieusement l'offensive ennemie débouchant de Sompuis. »

158ᵉ devant se diriger sur Soudé-Sainte-Croix. Le rassemblement préparatoire à la lisière du bois venait à peine de s'effectuer qu'une violente fusillade arrête la colonne, l'ennemi avait organisé de sérieux retranchements en arrière et à courte distance de la voie ferrée. La 85ᵉ brigade avec la compagnie du génie bivouaquent dans les bois. Pendant la nuit, le 149ᵉ parvient par une attaque à la baïonnette à s'emparer du passage à niveau, devant lequel il s'était heurté, mais ne peut le dépasser.

Le détail de cette lutte suffit à montrer que le vide supposé existant dans la ligne ennemie à l'ouest de Sompuis avait été comblé ; les renseignements puisés dans la publication du général Baumgarten, cités plus haut, indiquent comment ce résultat a été obtenu et expliquent pourquoi la 43ᵉ D. I. n'a pas trouvé le vide devant elle. On est même en droit de se demander si, à supposer que son mouvement eût été plus rapide, elle ne se serait pas trouvée dans une situation difficile en se portant vers Maisons-en-Champagne. L'auteur allemand indique en effet que le général von Laffert, commandant le XIXᵉ corps, voyait avec satisfaction nos troupes s'avancer dans l'intervalle séparant sa droite de la 23ᵉ D. I., parce qu'il espérait ainsi les prendre dans la tenaille formée par ces deux unités. Ceci n'est, bien entendu, qu'une intention de l'ennemi et je me garderai d'en accepter les conséquences hypothétiques ; je la signale toutefois pour montrer que l'idée directrice du mouvement ordonné à la 43e D. I. n'était pas aussi aisément réalisable que pouvait le croire le chef de la 4e armée.

A la 13e division, les progrès furent sensibles dans la journée du 10 ; maîtresse de l'Ormet, elle gagne par sa gauche du terrain vers le nord, tandis que le centre s'emparait enfin des fermes Pimbraux et Nivelet, où l'ennemi fit d'ailleurs une vigoureuse défense. L'avance se poursuivit méthodiquement vers Sompuis et la région à l'ouest du village. La voie ferrée était atteinte à la fin de la journée. Un douloureux événement vint attrister ce succès : les commandants des 25e et 26e brigades étaient groupés avec leurs états-majors à l'ouest de Sompuis, un projectile de gros calibre éclata sur ce rassemblement, tuant ou blessant mortellement le général Barbade, le colonel Hamon, ainsi que leurs officiers. Cette perte était cruellement ressentie et apportait un trouble très réel dans le commandement des unités de la 13e D. I. où déjà trois colonels avaient été tué, blessé ou remplacé.

La 23e D. I., suivant le mouvement général, avait marché en avant, était entrée dans Sompuis, mais n'avait pu toutefois enlever encore la ferme Galbodine.

D'après Baumgarten (*op. cit.*), le 10 au soir, la situation du XIXe corps allemand opposé à la droite du 21e C. A. français et au 17e C. A. était la suivante. Il aurait été à partir de 3 heures (14 heure française) soumis au feu de notre artillerie lourde (le 21ᵉ C. A. n'en possédait aucune). Il aurait repoussé aisément les attaques dirigées contre sa gauche, mais, à sa droite, le 106ᵉ régiment d'infanterie et la cavalerie du corps d'armée qui assuraient la liaison avec la 23ᵉ D. I. (du XIIᵉ C. A.) étaient fortement engagés. Il voulait nous attirer dans cet intervalle pour nous presser dans un étau et projetait sur tout son front une attaque de nuit à laquelle il dut renoncer sur ordre de la IIIᵉ armée (1). On s'explique mal pourquoi ce contre-ordre aurait été donné si, comme le prétend l'auteur allemand, la IIIᵉ armée ou même seulement son aile gauche avait eu réellement le sentiment de sa supériorité.

En définitive, la journée du 10 s'achevait pour nous sur un succès très net et se traduisait par une incontestable avance du 21ᵉ corps sur le front de la 4ᵉ armée. Si le résultat s'était fait quelque peu attendre, le retard était justifié par l'état physique des troupes, la température très lourde

_____

(1) Von Hausen (p. 210-212) mentionne également l'assentiment donné par lui à la proposition du général von Laffert d'exécuter une contre-attaque de nuit le 10 septembre sur tout le front du groupe de l'est ; il a, à cet effet, placé sous ses ordres la 23ᵉ division maintenue partiellement à Soudé. Il aurait prescrit de renoncer à ce projet à 8 h. 30 du soir au reçu d'une communication téléphonique du G. H. Q. indiquant un changement de situation. À 10 h. 45, il aurait donné l'ordre de retraite sur la rive droite de la Marne sous la protection d'arrière-gardes fortement appuyées d'artillerie.

et l'absence d'eau, enfin par les menaces ennemies sur le flanc gauche de la 43e D. I.

L'ennemi qui a certainement opposé une vigoureuse résistance veut prétendre aujourd'hui que
sa retraite a été volontaire et qu'il a quitté le
champ de bataille en victorieux sur l'ordre venu
du Haupt-Quartier. Il pourrait y avoir intérêt à
réfuter ici cette assertion du général Baumgarten (1), si elle ne s'appliquait qu'aux troupes
opposées au 21e corps, mais on la retrouve sous
des formes à peine différentes pour celles qu'ont
battues les 5e et 9e armées françaises, il paraît
donc superflu de s'y arrêter. On est d'autant plus
en droit de la considérer comme un parti pris
dont il est permis de mettre en doute l'exactitude,
qu'elle se trouve formellement contredite par le
général von Tappen qui, au début de la guerre,
était chef du bureau des opérations au G. H. Q.
allemand (v. plus loin, p. 199).

La nuit du 10 au 11 se passa au bivouac pour
tout le monde, sauf pour les unités voisines des
localités qu'on venait d'enlever ; la 86e brigade
put s'installer à Poivres. Je restai cette nuit
encore au P. C. de Saint-Ouen.

L'ennemi ayant cédé devant la 9e armée et
perdu du terrain devant la gauche de la 4e tenait
encore devant le centre et la droite de celle-ci.
L'offensive générale se poursuivait donc le 11 sep-

(1) *Op. cit.*, p. 134-149.

tembre, la direction d'attaque assignée au 21ᵉ C. A. était comprise entre les lignes Soudé-Sainte-Croix, Cernon et Coole, Faux-sur-Coole. Le 17ᵉ C. A., auquel la 23ᵉ division était maintenant rattachée, attaquait plus à droite sur le front Coole (exclus), la Perrière (sud de Maisons-en-Champagne).

Le front assigné au 21ᵉ C. A. était partagé entre les deux divisions : 43ᵉ à gauche, 13ᵉ à droite ; dans chaque division, les attaques s'exécuteraient la gauche en avant, chaque unité prête à appuyer sa voisine de droite. Ce dispositif en échelon était réalisé en donnant une demi-heure d'avance à !a 43ᵉ division. L'ennemi n'opposa qu'un semblant de résistance, une colonne sortant de Soudé-Sainte-Croix amena la 85ᵉ brigade à se déployer, mais céda assez promptement devant elle. La 13ᵉ D. I. poursuivit sa marche en avant sans être arrêtée.

Je suivais le mouvement de mes deux divisions du P. C., établi vers 9 heures à un kilomètre sud de Sompuis vers la cote 193 lorsque je vis venir à moi le commandant de la 4ᵉ armée qui m'adressa de vifs reproches sur l'ensemble des opérations du 21ᵉ C. A. Alors que je lui donnais des explications sur l'événement qui avait si péniblement affecté le commandement des 25ᵉ et 26ᵉ brigades, le général de Langle m'accusa de « n'avoir rien compris à ses instructions » et d'avoir entassé toute la 13ᵉ division dans Sompuis. Froissé d'être ainsi interpellé devant mes subordonnés et accusé d'une faute que je n'avais pas commise, on peut se reporter à ce sujet aux ordres et instructions que j'ai reproduits plus haut, je ripostai avec non moins de vivacité. Je démontrai que la 13e D. I. avait été orientée entre Sompuis et la crête boisée à l'ouest ; il me fût reproché de n'avoir pas utilisé cette crête elle-même. La discussion prit un ton très animé et je n'acceptai pas le reproche qui m'était adressé sous une forme d'autant plus pénible pour moi que le général de Langle usait habituellement d'une rigoureuse courtoisie. L'entretien se termina brusquement et je reconnais n'y avoir pas apporté la modération qui convient au subordonné. Ce fut ma dernière entrevue avec le commandant de la 4e armée, je ne devais pas tarder à en subir les conséquences.

Telle était pour moi l'issue de la bataille de la Marne ; le succès général auquel le 21e C. A. a pris sa part, quoi qu'on puisse dire, ne devait pas faire absoudre mes erreurs ou mes fautes éventuelles. Et je crains bien de mourir dans l'impénitence finale, car, à l'heure actuelle, je ne connais ni ne reconnais celles-ci.

Par contre, dussé-je être accusé de chercher la paille dans l'œil de mon voisin j'aperçois très distinctement la responsabilité qui incombe au G. Q. G. pour avoir fixé au 21e C. A. à son débarquement une zone de stationnement aussi éloignée du point où cette unité devait être engagée et l'avoir rattaché à la 3e armée au lieu de la 4e.

C'est à cette double circonstance qu'il faut imputer le surcroît de fatigue imposé aux troupes ; s'il leur avait été évité, elles seraient arrivées plus vite et plus fraîches et leur action qui fut insuffisante pour déterminer un succès immédiat aurait sans doute été rapidement décisive. Ainsi, peut-être même, eussent été réalisables les intentions de la 4e armée, quoique aujourd'hui encore elles me paraissent avoir été fragilement échafaudées.

Tout le succès de la manœuvre conçue à la 4e armée et dont l'exécution m'était confiée reposait sur la marche rapide de la division d'aile gauche et son aboutissement vers Maisons-en-Champagne en arrière du front ennemi. Il fallait pour atteindre ce but qu'un vide réel existât devant cette unité. Il résulte des indications des ouvrages allemands que ce vide se réduisait à une courtine de 7 kilomètres bien flanquée de deux bastions solidement garnis d'artillerie au sud-est de Sommesous d'une part, à Sompuis d'autre part. Il est certain, en outre, que cette courtine était occupée par des unités vivantes et décidées à la lutte lorsque la 43e division aborda cette partie de la ligne ennemie. La percée et la marche ultérieure en arrière du front adverse sont éminemment séduisantes et chacun de nous a rêvé ou tenté de les réussir. Combien y sont-ils parvenus au cours des quatre années de guerre ?

On aurait dû, dira-t-on, accélérer l'allure de la 43e D. I. et ne pas s'embarrasser des menaces

ennemies sur son flanc gauche qui ont conduit
à l'envoi de détachements de protection et ralenti
sa marche.

Sur le premier point, j'affirmerai et tous ceux qui
ont marché avec les hommes me comprendront,
qu'il est des heures où, quoi que fassent les chefs,
les jambes des soldats n'avancent pas plus vite
que ne le permettent l'état du terrain, les difficultés de parcours et surtout la fatigue résultant
des journées et des nuits antérieures. Je me refu-
serai toujours à infliger à des officiers et des
hommes qui tant de fois auparavant m'ont donné
des preuves de leur énergie et de leur endurance
le reproche d'en avoir manqué ce jour-là pour
accomplir une mission aussi importante que celle
qui leur était confiée.

Sur le second point, je dirai qu'on a beau jeu
après coup, lorsque toutes les cartes sont abattues,
à prétendre qu'une menace dans le flanc était
vaine, encore bien qu'elle fût représentée par
toute une division ennemie et qu'on aurait dû la
mépriser. Il faut avoir passé soi-même par ces
heures où la décision est à prendre au milieu de
données contradictoires et doit entraîner les plus
graves conséquences pour savoir ce qui se passe
dans l'âme du chef appelé à se déterminer. Je
n'essaierai d'invoquer aucune action de guerre
pour justifier ce qui a été fait, car il serait aisé de
trouver autant d'exemples contradictoires qu'on
le voudrait. En mon âme et conscience, je déclare

que placé aujourd'hui dans la même situation où je me suis trouvé les 8 et 9 septembre, devant un ennemi qui ne marquait aucun signe apparent de faiblesse, ayant ordre de marcher de l'avant, voyant mon voisin de gauche obligé de se reporter en arrière et l'ennemi signalé sur mon flanc, je poursuivrai ma marche, mais seulement en me flanc-gardant, dût la marche en être retardée. C'est ce que j'ai fait, ce qu'a fait le général Lanquetot qu'en cette circonstance je couvre entièrement.

Camarades de la 43ᵉ division, quoi qu'on ait pu dire et faire contre moi à propos de votre action à la bataille de la Marne, je reste fier de vous avoir eus sous mes ordres et ma fidèle affection vous est acquise.

VIII

LA POURSUITE
(11, 12, 13 *septembre.*)

Entre 10 et 11 heures du matin, avis fut donné
que l'ennemi cédait sur toute la ligne, avec ordre
d'entamer la poursuite. Le 21e C. A. recevait
comme objectif la Marne entre Sogny-aux-Moulins et la ferme Montjallon (un kilomètre sud de
Mairy-sur-Marne); il devait disposer à droite de
la route Coole, Faux-sur-Coole, la voie Romaine ;
à gauche, du chemin Soudé-Sainte-Croix, Dommartin-Lettrée, Saint-Quentin-sur-Coole [ordre général nº 57 (1)].

(1)   Sompuis, le 11 septembre 1914, 11 h. 30.

ORDRE GÉNÉRAL D'OPÉRATIONS Nº 57
pour la journée du 11 septembre.

I. — Le 21e corps va poursuivre immédiatement l'ennemi
en retraite. Objectif : la Marne entre Sogny-aux-Moulins
et ferme Montjallon.

II. — 13e *division* : Zone de marche limitée à droite par
Coole, Faux-sur-Coole, voie Romaine, cote 162, Mont-
jallon ferme et à gauche par arbre de la Nolleraie, puits,
Coupetz, Mairy-sur-Marne.

43e *division* : Zone de marche limitée à droite par la

Le front de marche ayant été partagé entre les deux divisions, celles-ci devaient former des colonnes aussi nombreuses que le permettraient les chemins et dans chacune placer l'artillerie voisine de la tête. La cavalerie précédait l'ensemble. Mon P. C. porté d'abord à Sompuis devait ultérieurement être à Coole.

Le temps avait changé, la température s'était abaissée, une pluie rafraîchissante vint calmer les nerfs tendus à l'extrême, par-dessus tout l'im-

ligne ci-dessus indiquée et à gauche par la ligne Soudé-Sainte-Croix, Dommartin-Lettrée, Saint-Quentin-sur-Coole, 141, 143, Sogny-aux-Moulins.

III. — On marchera par petites colonnes, aussi nombreuses que possible, avec de l'artillerie en tête de chaque colonne, selon les possibilités.

L'arrêt d'une colonne ne devra pas entraîner l'arrêt des voisines.

IV. — Dans chaque division, tous les éléments d'artillerie qui lui sont rattachés (A. D. et A. C.) devront être répartis entre les petites colonnes.

V. — *Cavalerie* : Les escadrons divisionnaires précéderont les colonnes dans leurs directions de marche.

Le 4ᵉ chasseurs ira tout d'abord s'emparer des ponts de Coupetz, Cernon et Saint-Quentin-sur-Coole.

Une fois ces ponts tenus par notre infanterie, il gagnera la Marne pour mettre la main, avant l'arrivée des avant-gardes, sur les ponts de Sogny-aux-Moulins et de Mairy-sur-Marne.

VI. — Poste de commandement : Sompuis, ultérieurement Coole.

Q. G. du C. A. transféré cet après-midi à Sompuis.

VII. — Compagnie du génie de corps et équipage de pont se dirigeront par Sompuis, Coole et la voie Romaine à Faux-sur-Coole, où ils recevront de nouveaux ordres.

pression du succès obtenu après de durs efforts et le recul de l'ennemi rendait du cœur aux plus fatigués.

La 43e D. I. poussa vivement de l'avant et l'on verra qu'elle avait repris des forces puisqu'elle devait le soir devancer sur la Marne la 9e D. C.

La 13e D. I. fut plus méthodique et lente dans sa progression, elle n'avançait que par bonds successifs et puis aussi elle était gênée sur sa route principale Sompuis, Coole, Faux-sur-Coole, par des éléments appartenant au C. A. voisin. La 4e armée, si prompte à critiquer ses subordonnés, aurait pu peut-être mieux délimiter les zones de marche attribuées à chaque corps et veiller à les faire respecter.

Dans le cours de l'après-midi, ordre fut donné (1)

(1) P. C. de Coole, 11 septembre 1915, 17 h. 30.

SUITE A L'ORDRE D'OPÉRATIONS Nº 57

Il importe que le 21e corps arrive au plus tôt à la Marne.

En conséquence, la marche à cette rivière pour atteindre le front Sogny-aux-Moulins, ferme Montjallon, sera poursuivie de jour et de nuit.

Il appartiendra à chaque général de division de régler son mouvement de manière à assurer à la troupe le minimum de repos indispensable et l'alimentation nécessaire, sous la condition expresse que la Marne soit bordée avant le jour.

Pour prévenir toute surprise, il est indispensable de ne pas faire serrer les gros sur la rivière avant d'avoir pris pied par de solides détachements sur la rive droite. L'artillerie devant s'établir avant le jour en surveillance, prête

de poursuivre la marche sans répit de jour et de nuit, de manière à atteindre la Marne avant le jour, le 12 septembre ; les divisionnaires eurent ordre de régler le mouvement en assurant le minimum de repos et sous la condition expresse de border la Marne avant le jour (ordre donné à 17 h. 30 du P. C. de Coole). Je suivais moi-même la route Coole-Cernon-Mairy, non sans quelque difficulté en raison de l'obscurité et de l'encombrement, mais je pouvais constater la progression ininterrompue du 21ᵉ C. A.

A Cernon, j'étais rejoint par un ordre de l'armée modifiant le front à atteindre sur la Marne ; il était reporté quelque peu en amont entre Mairy-sur-Marne, qui devenait ainsi ma gauche au lieu d'être ma droite, et Togny-aux-Bœufs. La marche devait se poursuivre au delà de la Marne en direction de Courtisols et Somme-Vesle sur la Vesle. Aucune limite n'était assignée à la progression en avant et l'indication donnée de l'objectif fixé au 17ᵉ C. A., voisin de droite du 21ᵉ : Poix, le Fresne, montrait que nous étions à l'aile marchante de l'armée.

J'apprenais, sans doute vers le même moment,

à entrer immédiatement en action contre toute artillerie ennemie pouvant se révéler.

Le général commandant le C. A. suivant les progrès des troupes suivra l'itinéraire Coole, Faux-sur-Coole, Coupetz, Cernon, route de Cernon à Mairy-sur-Marne.

Quartier général du corps d'armée : Coole.

que la 85e brigade marchant en tête de la 43e D. I.,
avait déjà atteint la Marne à Sogny-aux-Moulins,
devançant la cavalerie de la 9e D. C. qui devait la
précéder sur la rivière. Je me gardai dans ces conditions de prescrire à des unités ayant si bien
marché de rétrograder pour passer à Mairy, je
leur fis utiliser le pont qu'elles avaient atteint
avec ordre de rejoindre le gros de la division sur
la rive droite.

Dans l'ensemble, la 13e division eut à sa disposition le pont de Togny-aux-Bœufs, la 43e celui
de Mairy. .

L'ennemi avait rompu les ponts sur le canal
latéral à la Marne et nous dûmes réparer ceux de
Saint-Germain et de Vésigneul ou du moins établir un moyen de passage. Sur le premier point,
le travail fut grandement facilité par l'existence
d'une écluse dont le sas se prêtait à la construction d'une passerelle rapide, la perte de temps fut
minime. A Vésigneul, la construction d'un pont de
circonstance demanda plus de travail et c'est
seulement dans le courant de la journée du 12
qu'il fut achevé.

L'infanterie du corps d'armée fit preuve d'une
grande activité pour improviser des passerelles
et les utiliser, l'artillerie qui ne pouvait franchir
le canal qu'aux deux ponts réparés, accéléra l'allure
après le passage ; tout le corps d'armée avait la
Marne à dos bien avant la fin de la journée.

L'ennemi s'était en quelque sorte évanoui de-

vant nous ; il ne laissait d'ailleurs aucun débris
ou traînard sur les routes que nous suivions, il
me parut important de rétablir le contact aussitôt
que possible. Aussi, interprétant dans le sens le
plus large l'ordre que j'avais reçu, n'hésitai-je
pas à prescrire aux têtes de colonne de dépasser
la Vesle et de pousser jusqu'à la Noblette, à la
Cheppe et Bussy-le-Château [ordre d'opérations
nº 59 (1)]. Ceci ne m'était évidemment pas prescrit

(1)   P. C. de Cernon, 12 septembre 1914.

ORDRE GÉNÉRAL D'OPÉRATIONS Nº 59

I. — En vue d'accélérer la poursuite de l'ennemi, le
21ᵉ corps d'armée s'efforcera d'atteindre avec ses éléments d'infanterie les plus vigoureux et l'artillerie nécessaire pour les soutenir le front la Cheppe, Bussy-le-Château, Saint-Rémy-sur-Bussy.

II. — *Cavalerie :* gagnera successivement les coupures de
la Vesle, puis de la Noblette, en avant du front de marche
des colonnes du corps d'armée.

III. — Les divisions utiliseront pour leur marche en
poursuite les zones de marche ci-après :

13ᵉ division, zone limitée :

A droite par la ligne Togny, Vesigneul-sur-Marne,
Marson, Somme-Vesle, Tilloy, Saint-Rémy-sur-Bussy ;

A gauche par la ligne *incluse :* Saint-Germain-la-Ville,
arbre détruit (cote 157), arbre de la Redoute, arbre (cote 167),
Saint-Julien, puits des Vidames, Bussy-le-Château.

43ᵉ division, zone limitée :

A droite par la ligne ci-dessus indiquée *excluse ;*

A gauche par la ligne Moncetz, ferme du Sauna, l'Épine,
la Cheppe.

IV. — *Artillerie :* Les généraux de division intercaleront
dans leurs colonnes, *aussi nombreuses que possible,* leurs
unités d'artillerie, au fur et à mesure de leur passage à

mais nous étions en poursuite d'un ennemi qui se dérobait, j'occupais l'aile marchante de l'armée, il me parut que j'avais le devoir de gagner le plus possible de terrain. Cette décision, lorsqu'elle fut portée à la connaissance du commandant de l'armée, provoqua cependant de sa part des observations peu bienveillantes à mon égard et que reçut mon sous-chef d'état-major. On verra bientôt qu'il n'y avait pas lieu de regretter l'avance ainsi obtenue.

Le Q. G. du C. A. fut porté le 12 à Saint-

l'est du canal. Ces unités rejoindront les colonnes d'infanterie aux allures vives.

Il importe qu'au cours de la marche, l'artillerie ouvre le feu, même aux plus grandes distances, sur tout objectif pouvant se révéler, ainsi que sur les directions de retraite probables de l'adversaire.

Comme dans la marche d'hier 11 septembre, les divisions disposeront des unités d'artillerie de corps qui les accompagnent. Les batteries d'artillerie de corps non rattachées aux divisions suivront le mouvement de la 13e division.

V. — La compagnie du génie de corps entrera dans la colonne de la 13e division dès que son travail sera terminé.

VI. — L'arrière-garde sera formée dans chaque division par les éléments reconnus les moins entraînés.

VII. — Le succès de cette manœuvre dépend non seulement de la vitesse de marche, mais aussi de la promptitude avec laquelle les éléments seront poussés en avant. Il importe donc de ne pas perdre un instant pour assurer l'exécution du présent ordre.

VIII. — Le poste de commandement du général commandant le 21e C. A. sera poussé successivement à Saint-Germain et Courtisols.

Germain, ceux des divisions à Courtisols et Saint-Julien sur la Vesle, le gros des unités étant réparti le long de la Noblette, de la Cheppe à Saint-Rémy-sur-Bussy, la ligne de résistance des avant-postes au nord de la coupure.

Pour la journée du 13, le premier objectif assigné au 21ᵉ C. A. était la route de Suippes à Sainte-Menehould, direction générale Somme-Suippe, que devaient atteindre vers midi les têtes des gros. La cavalerie avait ordre de pousser ses reconnaissances sur les Hurlus et Perthes-les-Hurlus en liaison avec la division de cavalerie. La marche était à peine entamée qu'un nouvel ordre prescrivait au 21ᵉ C. A. de se porter au delà de la Tourbe et d'atteindre Somme-Py.

Si j'avais pu concevoir quelques regrets de l'initiative que j'avais prise la veille en me portant jusqu'à la Noblette, ils auraient fait place à la satisfaction que je ressentais d'avoir gagné du terrain par avance.

Mon P. C. fut porté à Courtisols sur la route de Châlons à Sainte-Menehould et j'y surveillais le mouvement de mes divisions, mon chef d'état-major parti vers la 13ᵉ dont je n'avais pas encore de nouvelles vers 10 heures du matin, lorsque je vis arriver le général Maistre, hier chef d'état-major de la 4ᵉ armée, promu au commandement du 21ᵉ C. A. en mon remplacement.

Je lui passai le commandement et je fis mes adieux aux chefs de service et aux officiers de mon état-major qui m'entouraient.

Il faut avoir vécu une heure comme celle-là pour en comprendre toute l'amertume.

IX

OBSERVATIONS FINALES

L'action du 21e C. A. à la bataille de la Marne a fait l'objet de critiques de la part du commandant de la 4e armée. Leur gravité a été telle que bien qu'ayant participé à la victoire et ayant vivement mené la poursuite de l'ennemi, j'ai été relevé de mon commandement. Je crois pouvoir dans ces conditions examiner et discuter les faits dont on vient de lire l'exposé.

Il faudrait se rappeler d'abord que les armées comme le pays étaient en 1914 dans l'ignorance complète de l'ensemble des événements. Je savais ce qui se passait sur le front du 21e corps, j'avais des notions vagues sur la situation des corps qui l'encadraient, j'ignorais tout de ce qui concernait les autres armées. Par fragments parvenaient quelques nouvelles, qu'après coup j'ai reconnues exactes, mêlées de racontars fantastiques qui justifiaient la défiance la plus grande à leur égard. Je savais que l'ensemble des forces françaises avait reculé mais j'ignorais de manière complète les conditions de ce recul et son étendue, la disposition des armées, leurs emplacements, à plus forte raison les intentions du haut commandement. Cette discrétion rigoureuse était sans doute motivée par des raisons supérieures, mais l'ignorance où elle maintenait les subordonnés excluait chez ceux-ci toute possibilité d'initiatives heureuses devançant les intentions du chef. C'est dans ces conditions que le 21e corps est transporté des Vosges en Champagne avec cette seule indication que, à dater du 6 septembre, il relèvera de la 3e armée. La zone de débarquement qui lui est assignée est en arrière de la gauche de la 3e armée. Au G. Q. G., on paraît avoir eu l'intention d'employer le 21e C. A. à l'ouest de sa zone de débarquement et cette destination est d'autant plus justifiée que la ligne de bataille française présente un vide dangereux entre les 4e et 9e armées. Ce vide n'est qu'insuffisamment occupé par une division de cavalerie et il importe de le combler au plus tôt. Mais alors pourquoi faire débarquer le 21e C. A. entre Vassy et Joinville et lui assigner une zone de cantonnements entre Marne et Blaise, à 50 kilomètres du point où il devra entrer en action. Pourquoi rattacher cette unité à la 3e armée et non point de suite à la 4e. S'est-on préoccupé au G. Q. G. de l'effort supplémentaire qu'on allait infliger ainsi au 21e C. A. avant de l'engager.

Cette aggravation initiale des conditions d'emploi imposées au 21e C. A. tombe sur des troupes qu'on a enlevées à la dernière minute d'une région de durs combats et auxquelles un repos serait indispensable si l'heure grave que traverse la France permettait à ce moment de laisser reposer qui que ce soit. Ces troupes si vaillantes mais fatiguées ont subi des pertes sérieuses qu'on a comblées numériquement avec des hommes venus des dépôts, mais sans pouvoir les encadrer, elles sont donc diminuées dans leurs capacités manœuvrières. Avant de les placer en face de leur objectif, on va demander à ces troupes un effort qui serait pénible en tout temps et que les circonstances climatériques et hydrographiques vont rendre particulièrement lourd à supporter.

Tel est l'état de l'unité de laquelle on attend une action décisive pour le succès des opérations. N'aurait-on pu avec plus de soin et de prévision au G. Q. G. l'amener dans des conditions plus favorables au succès de sa mission? N'aurait-on pu aussi orienter le commandant du 21ᵉ C. A. sur la situation des armées entre lesquelles il était placé, sur la mission qui pouvait lui incomber, le mettre en mesure enfin d'en faciliter l'exécution par des mesures préparatoires? Si l'on ne le jugeait pas digne d'une pareille confiance, c'était alors qu'il fallait le remplacer ou si, la lui ayant témoignée, il ne savait pas agir, on était vraiment en droit de sanctionner son incompréhension ou sa mollesse.

Rien de cela n'est fait, aucune indication ne

vient du G. Q. G. pendant les journées du 5 et du 6. Lorsque le 6, le commandant du 21e C. A. va se mettre aux ordres de la 3e armée selon l'instruction qu'il a reçue, il est orienté pour le lendemain 7 vers le nord-est de la zone où s'effectuent les débarquements. Entre le 4 septembre et le 6, le G. Q. G. a-t-il modifié ses intentions sur l'emploi qu'il réserve au 21e C. A., rien ne permet à l'heure présente d'éclaircir ce doute. Si la modification s'est produite, une autre en sens inverse l'a suivie, puisque le 6 au soir un avis télégraphique parvient du G. Q. G. au 21e corps de son rattachement à la 4e armée. Si cette double volteface dans les projets n'a pas eu lieu et si l'intention marquée par l'instruction du 4 septembre a été maintenue, pourquoi la 3e armée a-t-elle cru pouvoir donner des ordres à une unité dont le général en chef se réservait la disposition. Je n'essaierai pas de pénétrer le mystère de ces transmissions d'ordre ou des oublis des états-majors, je me contenterai de constater que les unes ou les autres ont eu pour le 21e C. A. de fâcheuses conséquences.

Quidquid delirant reges, plectuntur Achivi.

Voyons maintenant l'emploi du corps d'armée à la 4e armée. Celle-ci sent sa gauche menacée, en raison du grand vide qui la sépare de la droite de la 9e ; il y a par ailleurs une manœuvre à tenter dans cette zone du camp de Mailly, il y a une offensive à prendre avec une troupe que l'on croit fraîche et qui jusqu'à présent a toujours répondu à ce qu'on attendait d'elle. L'heure est d'ailleurs grave pour la France, il faut que chacun se donne sans compter et sans tarder ; le 21ᵉ C. A. reçoit l'ordre de se diriger au plus vite vers l'aile gauche de l'armée. L'importance de la mission qu'on va lui confier ne permet pas qu'on se préoccupe de son état. Et cependant cet état mériterait considération puisqu'il est tel que la capacité manœuvrière des unités est amoindrie par les fatigues endurées, la dureté des combats poursuivis jusqu'à l'heure de l'embarquement, les pertes subies et l'arrivée récente de renforts non entraînés. Et puis la fatalité va intervenir à son tour : fortes chaleurs, absence d'eau sur les itinéraires à parcourir, retards dans les transmissions d'ordre à l'intérieur du corps d'armée. Ce dernier sera, dans ces conditions, amené face à son objectif après deux journées de marches épuisantes, avec un retardement important dont l'ennemi profitera pour gagner du terrain.

Ceci est la part du destin avec laquelle il est toujours prudent de compter, parce qu'elle est inévitable mais que les grands états-majors ont trop de tendance à négliger parce qu'ils vivent trop loin des réalités qui s'imposent aux exécutants.

La mission assignée au 21ᵉ corps par le commandant de la 4ᵉ armée est d'exécuter une attaque enveloppante sur ce qu'on estime être le flanc découvert de l'ennemi pour aller porter le trouble en arrière de son front. Les renseignements que possède l'armée donnent lieu de croire à l'existence d'un vide important dans la ligne ennemie devant la gauche de la nôtre et on escompte la possibilité d'une percée en ce point. On a pu voir comment ce vide était constitué, en réalité par une courtine bien flanquée, comment il a été rempli ensuite par l'adversaire et dans quel piège ce dernier a même espéré un instant nous attirer.

Jugera-t-on que le 21ᵉ corps et particulièrement sa 43ᵉ division ont manqué de saisir l'occasion d'obtenir un succès décisif?

Ira-t-on nous reprocher de n'avoir pas dominé la fatigue, l'épuisement des troupes, la soif ardente sur ce terrain sec et sous le soleil brûlant? A cela je répondrai qu'à supposer qu'un pareil effort eût pu être obtenu des hommes, il aurait fallu pour cela un encadrement des unités que nous n'avions plus.

Sera-ce d'avoir trop pris de précaution pour nous garder de la menace ennemie sur notre flanc gauche? Je déclare de nouveau accepter toute la responsabilité de ces mesures de prudence dont la négligence aurait pu entraîner de graves conséquences.

En résumé, après un scrupuleux examen de conscience, je ne vois rien dont je me sente coupable et voilà pourquoi si, par esprit de discipline, j'ai subi sans murmure la décision prise à mon égard, je n'en puis reconnaître la justice ni m'incliner devant elle.

Il me sera permis de constater en terminant que, malgré mon remplacement à la tête du 21ᵉ C. A., le front de Souain, Perthes-les-Hurlus, sur lequel cette unité marchait le 13 septembre 1914, était encore tenu par l'ennemi quatre ans après.

X

L'ouvrage du général major Baumgarten-Crusius : *Die Marneschlacht*, auquel j'ai emprunté des indications sur la situation et les mouvements des unités allemandes opposées au 21ᵉ corps d'armée, contient certaines assertions qu'il paraît difficile de ne pas signaler et relever, bien qu'elles soient d'ordre général.

Il y est dit (p. 69) que la supériorité du matériel d'artillerie français, pièces et projectiles, s'est nettement affirmée. Cet aveu peut être volontiers accueilli. Toutefois, l'auteur allemand parle d'une portée de 12 000 mètres pour nos pièces de 75 millimètres qu'il oppose à celle de 7 500 mètres des 77 et de 5 000 mètres pour l'efficacité des shrapnells. Nos artilleurs, à l'habileté desquels le général Baumgarten rend un hommage justifié, apprendront avec surprise qu'ils ont pu agir à d'aussi grandes portées. Pour ma part, je me souviens encore avec douleur d'une certaine batterie lourde allemande placée à Bazien, sur la rive gauche de la Meurthe, du 26 au 30 août, à

9 000 mètres de nos lignes, contre laquelle nous n'avons pu agir en raison de la distance et qui cependant nous gênait fort.

Dans son évaluation des forces en présence à la bataille de la Marne, il arrive à la conclusion que les Français ont combattu à trois contre un et que leur supériorité en artillerie était considérable. C'est ainsi que la IIIᵉ armée allemande n'aurait eu que 468 pièces à opposer à 844 des nôtres. Pour établir ce résultat, le général Baumgarten compte les corps allemands avec leurs effectifs réels, non pas même ceux figurant sur les situations, mais ceux des combattants de première ligne (les bataillons à 500 hommes et 12 officiers). Par contre, les corps français sont comptés à effectif plein (les bataillons à 1 000 hommes) sous le prétexte qu'ils avaient pu récupérer, grâce aux envois des dépôts, la totalité des pertes éprouvées depuis le début de la guerre. Les renseignements que j'ai fournis sur l'état des unités du 21ᵉ corps suffiront, je pense, à faire justice d'une pareille évaluation. En ce qui concerne l'artillerie, il est bon de signaler que le matériel perdu chez nous n'avait pu encore être remplacé lors de la bataille de la Marne et de rappeler qu'en 1914 aucun corps d'armée français ne possédait une seule pièce lourde.

Pour ramener à leur exacte valeur les appréciations du général Baumgarten ainsi que celles de son chef le général von Hausen, il est bon de savoir que ce dernier, relevé du commandement de la III⁰ armée le 12 septembre 1914, a été rendu responsable par l'opinion publique en Allemagne de la perte de la bataille de la Marne. C'est pour protester contre la responsabilité qu'on fait peser sur von Hausen que celui-ci publie ses *Souvenirs*, que Baumgarten ensuite écrit son ouvrage. Il faut donc s'attendre à trouver dans ces publications (et on ne saurait le critiquer) tout ce qui peut être à l'avantage du commandant en chef des troupes saxonnes. Mais il convient de discuter les assertions allemandes en tenant compte de la situation particulière de leurs auteurs, comme aussi de la mentalité de nos ennemis, chez qui l'altération ou la dissimulation de la vérité est communément admise. Si l'on était tenté d'en douter, il suffirait de se reporter à la préface de l'ouvrage du général von Hausen pour être détrompé (1). L'éditeur de ces *Souvenirs*, Friedrich M. Kircheisen, qui fut le premier à publier en 1915 une brochure sur la bataille de la Marne qu'interdit la censure allemande, dit (p. 9) :

Le haut commandement allemand n'a voulu connaître en aucun temps une bataille de la Marne. On ne trouve nulle part ce nom. Et cependant il est aussi connu dans le reste du monde que celui de « Boche », l'internationale injure, pour nous autres Allemands, empruntée au français ; seulement nous ne le connaissons pas, comme nous ne savons pas non plus combien nous sommes haïs.

(1) Se rappeler aussi ce passage de l'appel au peuple allemand par lequel le général Ludendorf termine ses *Souvenirs de guerre* (t. II, p. 396) : « Les Allemands doivent *redevenir* fidèles au devoir, honnêtes et *véridiques*. »

Cette opinion du haut commandement est expliquée de la manière suivante dans un article du général-lieutenant von Tappen, ancien chef du bureau des opérations du G. H. Q. allemand (*Jusqu'à la Marne* 1914), dont les *Archives de la Grande Guerre* (janvier 1921) ont donné la traduction :

La bataille de la Marne se terminait. Nous n'avons jamais eu à l'époque le sentiment d'avoir subi une grande défaite et aucune raison ne la justifie. Les Français n'avaient pas obtenu le but qu'ils s'étaient fixé en engageant la bataille, « nous rejeter du territoire français ». Seules les allégations de la presse française ont imprimé aux succès anglo-français dans la bataille de la Marne le caractère d'une grande victoire des armées françaises.

On saisit sans peine tout ce que ce raisonnement a de spécieux et combien aisément on pourrait le retourner contre nos ennemis à l'occasion d'engagements dont ils tirent gloire. Il est intéressant de le citer à l'appui de l'affirmation de Kircheisen et de montrer comment, avec un peu d'astuce et en restreignant à l'avance la signification des mots, il est possible de respecter en apparence la vérité, pour en tirer des conclusions où elle se trouve outrageusement violée.

Il s'agit donc d'établir que la III° armée n'a pas été battue non plus que la Ire (von Klück) et d'attribuer la retraite des armées allemandes à l'intervention de l'officier de liaison du G. H. Q., le lieutenant-colonel Hentsch, qui est venu le 9 septembre donner aux armées l'ordre de se reporter en arrière. Toute la responsabilité pèse dès lors sur le haut commandement qui s'est tenu trop loin du front (il était installé à Luxembourg) (1) et a laissé à un officier de liaison muni de pleins pouvoirs le droit de prendre une décision aussi grave dans des circonstances particulièrement critiques. Ce choix d'un bouc émissaire est une explication commode mais insuffisante. Si le lieutenant-colonel Hentsch ne peut plus se défendre, puisqu'il a été tué au cours de la guerre, il aurait été nettement justifié des accusations portées contre lui par un ordre général à l'armée allemande à la suite d'une enquête ordonnée par le général Ludendorf (2). Même en admettant que son intervention a pu n'être pas heureuse pour son pays, il paraît difficile de croire qu'un officier auquel pareille mission de confiance est

(1) Baumgarten rapporte à ce sujet (p. 110) un incident digne d'être noté. Le 7 septembre un officier du G. H. Q. arrive au Q. G. de la III⁰ armée et annonce que S. M. l'empereur est au nord de Suippes et se propose de venir à Châlons pour exprimer au général von Hausen sa satisfaction des grands services qu'il a rendus. Sa Majesté doit coucher le 7 à Châlons, pour se rendre le 8 à la IIIᵉ armée. Mais l'officier de liaison de cette armée envoyé à Sa Majesté, après avoir exposé la situation, se permet de faire observer que pour la sécurité du souverain il ne paraît pas prudent de s'établir à Châlons pour la nuit du 8.

Seine Majestät der Kaiser kehrte daraufhin nach Luxemburg zurück. (Là-dessus S. M. l'empereur revint en arrière à Luxembourg.)

De ceci, on peut conclure ou bien que, dès le 7 septembre, la situation des armées allemandes ne paraissait déjà plus très sûre, ou bien que le chef de guerre suprême avait une préoccupation exagérée de sa sécurité personnelle Les deux hypothèses ne sont pas d'ailleurs exclusives l'une de l'autre.

(2) Indication donnée par le général Dupont dans la *Revue militaire française.*

attribuée, que ses accusateurs reconnaissent d'ailleurs avoir été un serviteur d'élite, aurait donné des ordres aussi manifestement contraires à la situation des armées qu'il venait de voir successivement. A moins d'être traître à son pays ou frappé de démence, cet officier n'a pu prescrire aux armées de battre en retraite s'il les a trouvées victorieuses. On cite de lui l'opinion suivante sur la IIIe armée, le 8 septembre : *Lage und Auffassung der* III *Armee durchaus günstig* (situation et disposition de la IIIe armée entièrement favorables). Si même on est tenté de taxer d'optimisme cette déclaration relative aux troupes saxonnes dans la bouche d'un officier saxon, comment cet officier aurait-il pu, si tout allait bien chez nos ennemies, donner le 9 septembre l'ordre de retraite qu'a enregistré le général von Kuhl, chef d'état-major de la Ire armée en présence de son quartier-maître, le colonel von Bergmann, dans un procès-verbal fameux (1).

La Ferté-Milon, 10-9-14.

Hier après-midi est paru au Q. G. de l'armée à Mareuil le lieutenant-colonel Hentsch du G. H. Q. qui apportait la communication suivante :

La situation n'est pas favorable. La Ve armée est arrêtée devant Verdun, les VIe et VIIe devant Nancy-Épinal. La IIe n'est plus qu'un résidu. Sa retraite derrière la Marne est inévitable, l'aile droite (VIIe corps) a été rejetée en arrière, elle ne s'est pas repliée. Il est d'ailleurs nécessaire de rassembler (*abzusetzen*) tout d'abord les armées : la

<hr>

(1) Von Kuhl., *Die Marnefeldzug* 1914. p. 218.

IIIe au nord-est de Châlons, les IVe et Ve se rejoignant par Clermont-en-Argonne en direction de Verdun. La Ire armée doit donc elle aussi se retirer, direction Soissons-Fère-en-Tardenois, et même, en cas de besoin extrême, plus loin sur Laon-la Fère. Les lignes à atteindre par les armées, il les traça au fusain sur ma carte. Vers Saint-Quentin, dit-il, une nouvelle armée se rassemble. Ainsi pourrait commencer une nouvelle opération.

Je fis observer que nous étions en pleine attaque, qu'une retraite serait très délicate, l'armée était en plein désordre, par-dessus tout épuisée au dernier point. Il poursuivit que malgré cela il ne restait rien d'autre à faire. Il accorda que, dans le combat présent, la retraite n'était pas praticable, dans la direction ordonnée, mais devait se faire droit en arrière, derrière l'Aisne, l'aile gauche sur Soissons, tout au plus. Il insista sur ce que ces « directives » étaient obligatoires, sans égard pour d'autres communications éventuelles. Il avait pleins pouvoirs.

Von Bergmann.   *Signé* : Von Kuhl.

L'ordre de retraite des Allemands n'est-il pas motivé en ce qui concerne leur aile droite par l'échec d'une partie de l'armée de Bulow et la menace dirigée sur ses lignes de communication par l'avance des Alliés dans l'énorme intervalle de près de 50 kilomètres séparant la Ire et IIe armées ? La Ire armée n'était-elle pas aussi dans une situation des plus dangereuses du fait même qu'elle avait dégarni son aile gauche pour renforcer sa droite, de manière à menacer l'armée Maunoury, mais en ne conservant plus qu'un lien fictif avec la IIe ?

La responsabilité de la défaite allemande de la Marne incombe sans hésitation au haut com-

mandement, ce point est incontestable ; il est
par ailleurs pour nous d'intérêt secondaire de
déterminer à quelle ou quelles personnalités il
convient de l'attribuer (1). Mais, par contre, nous
ne pouvons laisser affirmer sans protester, que si
l'ensemble des armées allemandes a été battu,
chacune ou presque chacune de celles-ci était
victorieuse. Or, c'est ce qu'on tente d'établir en
prétendant que la Iʳᵉ ainsi que la IIIᵉ armée
-allemande ont abandonné le terrain en pleine
victoire. C'est précisément l'affirmation que nous
trouvons sous la plume de Kircheisen (2) et d'une
manière très nette :

En trois points, le plus grand danger menaçait les
Français. A leur aile gauche où ils ne réussirent pas à
s'échapper de la redoutable étreinte de Kluck ; au centre
où l'impétueuse attaque de Hausen mit en pièces la 9ᵉ et
une partie de la 4ᵉ armée françaises ; enfin sur la Meuse
entre Saint-Mihiel et Verdun où le kronprinz fut bien près
d'enlever les positions françaises (p. 88).

Plus loin :

Comprend-on que les plus importants des grands jours
de bataille : les 6, 7, 8 et 9 septembre, sur tous les fronts,
sauf celui de la IIᵉ armée, nous donnaient l'avantage,
l'extrême aile droite (Kluck) et le centre (Hausen) infli-

(1) Pour le général von François (*Marneschlacht und Tannenberg*) les trois responsables seraient : le général von Moltke pour
l'ensemble des dispositions prises, le général von Bulow pour
l'ordre de retraite donné à la IIᵉ armée, le lieutenant-colonel
Hentsch pour avoir outrepassé les pouvoirs qu'il avait reçus du
G. H. Q.

(2) Préface des *Souvenirs* de von HAUSEN.

geaient constamment à nos adversaires de lourdes défaites (p. 92).

Et il conclut :

> *Besigt wurden wir nicht.*
> *Wir gruben uns unser eigenes Grab.*
> Nous n'avons pas été vaincus.
> Nous avons creusé notre propre tombe.

Cette affirmation solennelle est, dans une certaine mesure, impressionnante, mais tout au moins
en ce qui concerne la IIIe armée allemande elle
est contredite par von Tappen. Cet officier général
accepte bien entendu qu'on fasse retomber sur
Hentsch la responsabilité de l'ordre général de
retraite donné aux armées, mais comme il sent
fort bien que le G. H. Q. est responsable du choix
de son officier de liaison, il n'hésite pas à désavouer
ce dernier. Hentsch a outrepassé les instructions
qu'il avait reçues, et a transformé de sa propre
autqrité les indications relatives aux directions
à suivre en cas de retraite éventuelle en ordre
formel de retraite. Von Tappen relate les impressions recueillies par le chef d'état-major von
Moltke au cours de la tournée que celui-ci accom-
plit en sa compagnie le 11 septembre auprès de
chacune des armées (1).

Au Q. G. de la IIIe armée, le commandant en chef et le
chef de l'état-major étaient malades ; dans la soirée précé-

(1) Au dire du général von François, cette tournée est la seule
qu'aurait faite au front le général von Moltke qui fut d'ailleurs
remplacé dans son emploi trois jours après (*Marneschlacht und
Tannenberg*), p. 113.

dente, une division de réserve avait subi un insuccès décisif. L'impression recueillie fut que la IIIᵉ armée était à peine capable de défendre seule, avec des forces diminuées, le front d'une quarantaine de kilomètres qui allait lui échoir.

Au Q. G. de la IVᵉ armée, à Courtisols, la confiance était entière. Le commandant en chef était prêt à prendre une partie du front incombant à la IIIᵉ armée. Pendant la conférence tenue à la IVᵉ armée, un message sans fil du commandant de la IIᵉ armée fut porté au général de Moltke disant « qu'une percée de l'ennemi était à envisager devant le front de la IIIᵉ armée. Il ne pouvait y avoir de doute, après l'impression recueillie que la IIIᵉ armée, dans sa situation actuelle, n'était pas en état de soutenir une nouvelle offensive ennemie, surtout depuis que sur son front s'était formée une large trouée produite par la conversion des ailes de l'armée qui avaient soutenu les armées voisines par des attaques enveloppantes.

Cette impression d'ensemble recueillie le 11 septembre au matin au Q. G. de la IIIᵉ armée allemande ne précise pas les unités dont l'échec est constaté ni ne donne l'indication du lieu de l'engagement. Toutefois, si l'on se souvient de ce fait que le groupe de l'ouest de la IIIᵉ armée a progressé jusqu'au delà de Mailly le 9 septembre, alors que, dès le 8, le groupe de l'est a été arrêté au sud de Sompuis et refoulé le 10 au nord de ce village, il ne semblera pas excessif de conclure que ce sont les troupes allemandes opposées au 21ᵉ C. A. qui ont subi l'échec constaté à la IIIᵉ armée par le chef d'état-major général. Ainsi se trouve réfutée par une autorité allemande compétente l'assertion hasardée de Kircheisen citée plus haut.

Il n'entre pas dans mon plan d'examiner l'ensemble de la bataille de la Marne, je me bornerai à conclure des citations précédentes que si le commandement des forces ennemies opposées au 21e C. A. prétend, malgré sa retraite, avoir battu celui-ci, il produit à l'appui de sa thèse des affirmations dont nous sommes en droit de contester la valeur : 1º parce que ces affirmations sont manifestement en opposition avec ce que nous savons des circonstances de la victoire ; 2e parce qu'elles sont contredites formellement par la relation du chef du bureau des opérations du G. H. Q. allemand.

L'exposé des faits qu'on a trouvé ici peut donc supporter sans être affaibli la contradiction des adversaires ; il a paru utile à la manifestation de la vérité de soumettre cette discussion au jugement du lecteur (1).

(1) La discussion qui précède a été rédigée avant la publication des travaux relatifs à la bataille de la Marne du général Dupont (*Revue militaire française*) et du capitaine Kœltz (*Revue de Paris*) écrits en se plaçant à un point de vue beaucoup plus général mais établis comme celui-ci d'après les documents allemands.

NOTES

A titre de renseignement, je citerai deux petits faits :

Le 11 septembre, mon P. C. était établi un moment sur l'emplacement d'une batterie ennemie où avaient été laissés quelques gargousses et obus. Nous pûmes constater que ces munitions portaient la date de fabrication de mai 1914, indice que l'ennemi était réduit à consommer sa production la plus récente ; donc, qu'il touchait probablement à la fin de ses approvisionnements.

Le 12, à Saint-Germain, abandonné précipitamment la veille par l'ennemi, celui-ci avait réquisitionné toute la chaux et le ciment existants et enlevé de nombreuses portes aux maisons. On ne comprit pas de suite le motif de cette réquisition ; il me fut expliqué lorsque je vis plus tard les organisations solides que les Allemands ont réalisées sur leurs lignes de défense. Cet emploi en campagne des matériaux de construction jusqu'alors réservés aux fortifications permanentes était pour nous une nouveauté. S'il est pénible pour l'amour-propre de constater chez l'ennemi une initiative à laquelle on n'avait pas songé soi-même, il est bon de se souvenir des incidents qui prouvent que, pour la préparation à la guerre, l'esprit doit toujours être en éveil et qu'il n'est de progrès qu'on ne puisse réaliser avec de la méthode, de la ténacité et de l'énergie.

ORDRE DE BATAILLE DU 21e CORPS D'ARMÉE
(Août 1914.)

Commandant du corps d'armée : général Legrand-Girarde.

13e DIVISION. — Général Bourderiat, puis général Bacquet.

25e *brigade*. — Général Barbade (tué).

17e bataillon de chasseurs, commandant Carrère.

20e bataillon de chasseurs, commandant Michaut.

21e bataillon de chasseurs, commandant Rauch.

17e régiment d'infanterie, colonel Bru.

26e *Brigade*. — Colonel Hamon (tué).

21e régiment d'infanterie, colonel Frisch (grièvement blessé).

109e régiment d'infanterie, colonel Aubry (tué).

Artillerie, 62e régiment, colonel Griache (tué).

Génie.

43e DIVISION. — Général Lanquetot.

85e *brigade*. — Général Pillot (promu), puis colonel Menvielle.

149e régiment d'infanterie, colonel Menvielle.

158e régiment d'infanterie, colonel Houssement (trois fois blessé, puis tué).

86e *brigade*. — Colonel Olleris.

1er bataillon de chasseurs, commandant Tabouis.

3e bataillon de chasseurs, commandant Reneaud (tué).

10e bataillon de chasseurs, commandant Eveno (tué).

31e bataillon de chasseurs. Commandant Hennequin (tué).

Artillerie, 12e régiment, colonel Cheminon.

Génie.

4e Régiment de chasseurs, colonel Arthuis.

E. N. E. — Artillerie de corps, 59e régiment, colonel Anus.

Génie.

Réserve d'infanterie, 57e, 60e, 61e bataillon de chasseurs de réserve.

Général commandant l'artillerie, général Dumézil.

Commandant le génie, lieutenant-colonel Buvignier.

Intendant du C. A., intendant Duhamel.

Médecin directeur, médecin-inspecteur Loup.

TABLE DES MATIÈRES

PARIS

TYPOGRAPHIE PLON-NOURRIT ET Cie

8, rue Garancière

I

THÉÂTRE DES OPÉRATIONS DANS LES VOSGES

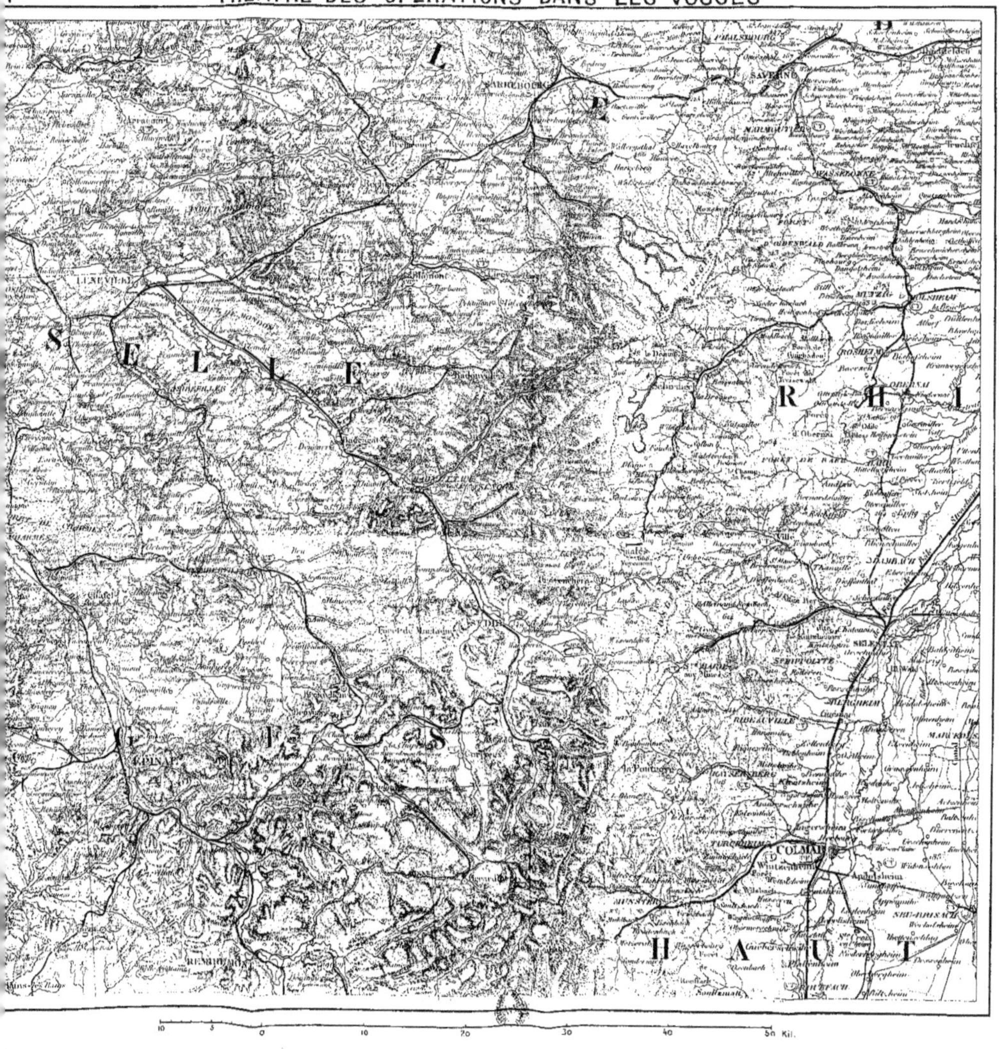

VALLÉE D LA BRUCHE — CHAMP DE BATAILLE DE SARREBOURG (PARTIE EST) OPÉRATIONS DU 9 AU 21 AOÛT

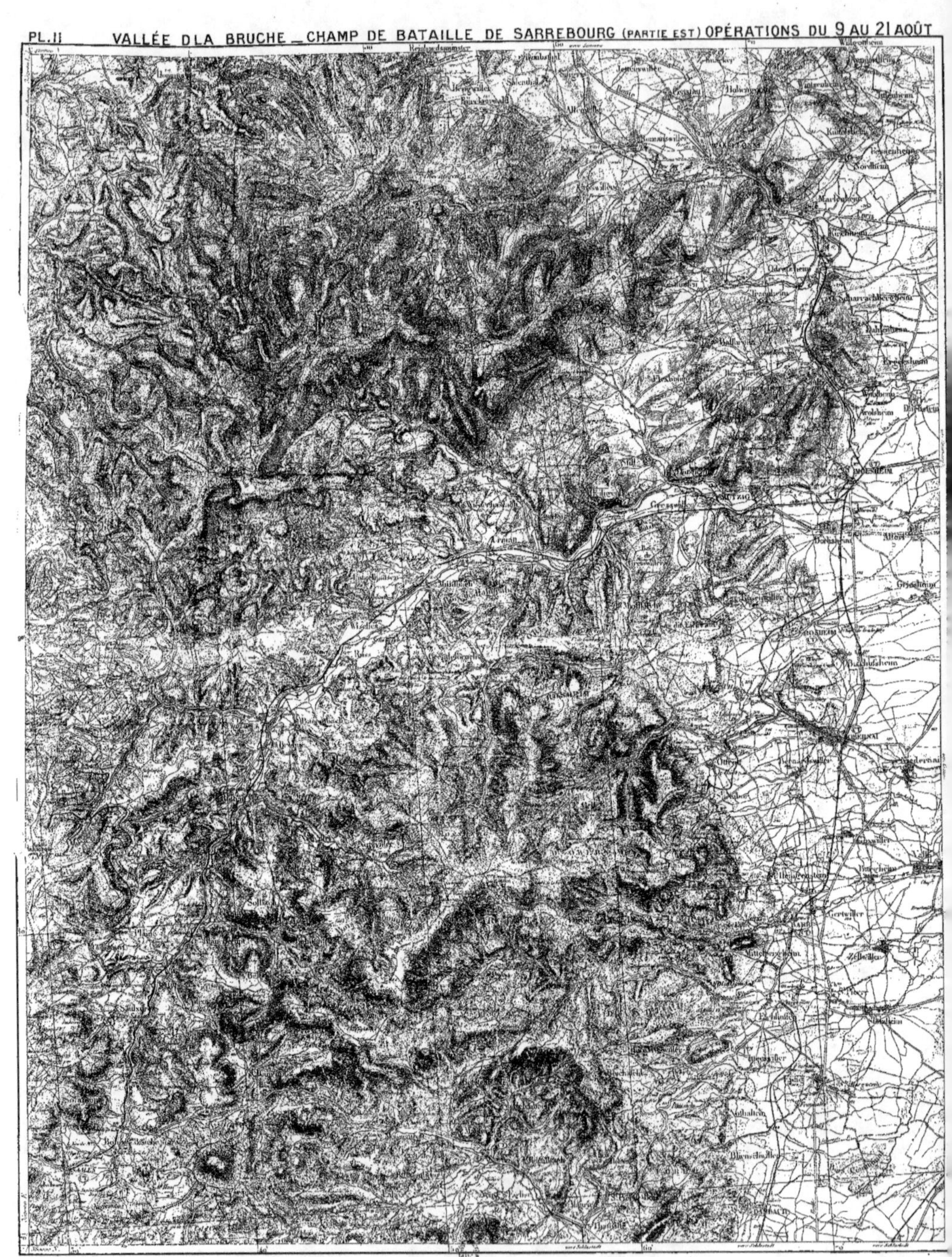

Échelle : 1/80,000

PL. III   ZONE DE COUVERTURE DE LA 13ᵉ DIVISION _ CHAMP DE BATAILLE DE SARREBOURG (PARTIE OUEST) OPÉRATIONS DU 19 AU 23 AOÛ

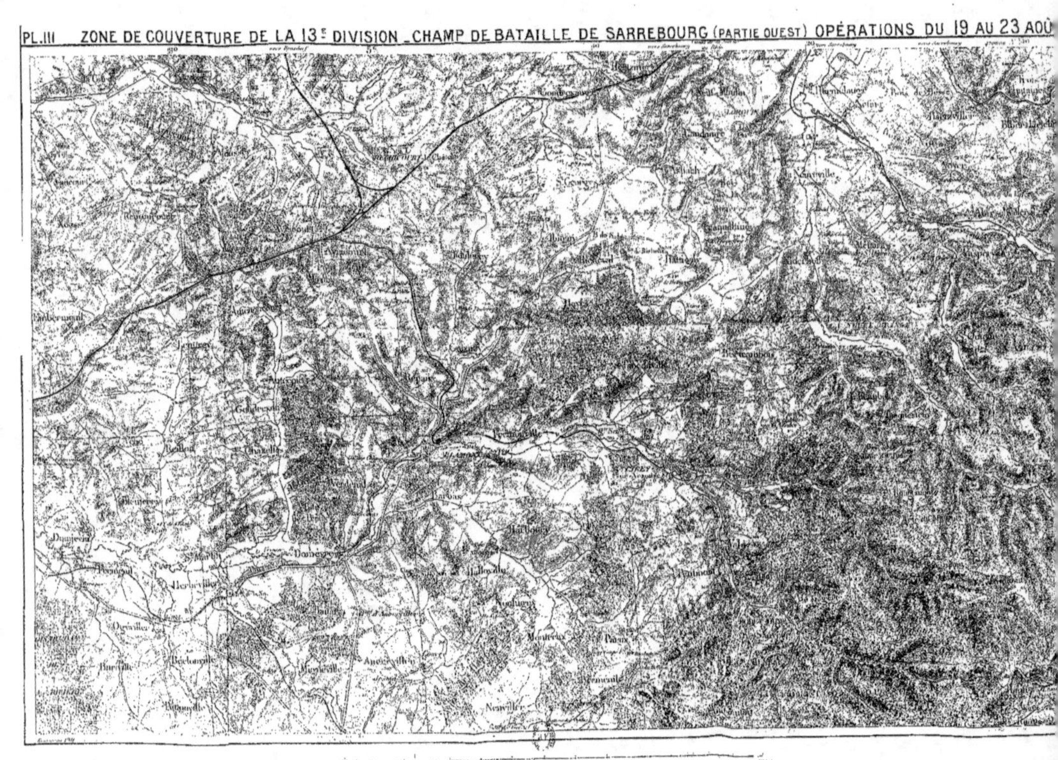

Échelle : 80.000ᵉ

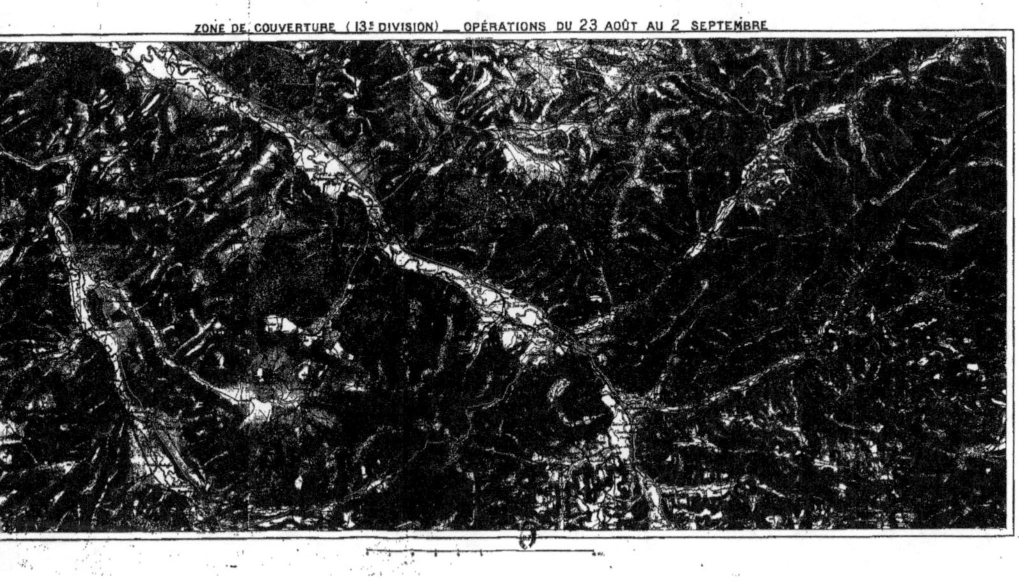

ZONE DE COUVERTURE (13ᵉ DIVISION) ── OPÉRATIONS DU 23 AOÛT AU 2 SEPTEMBRE

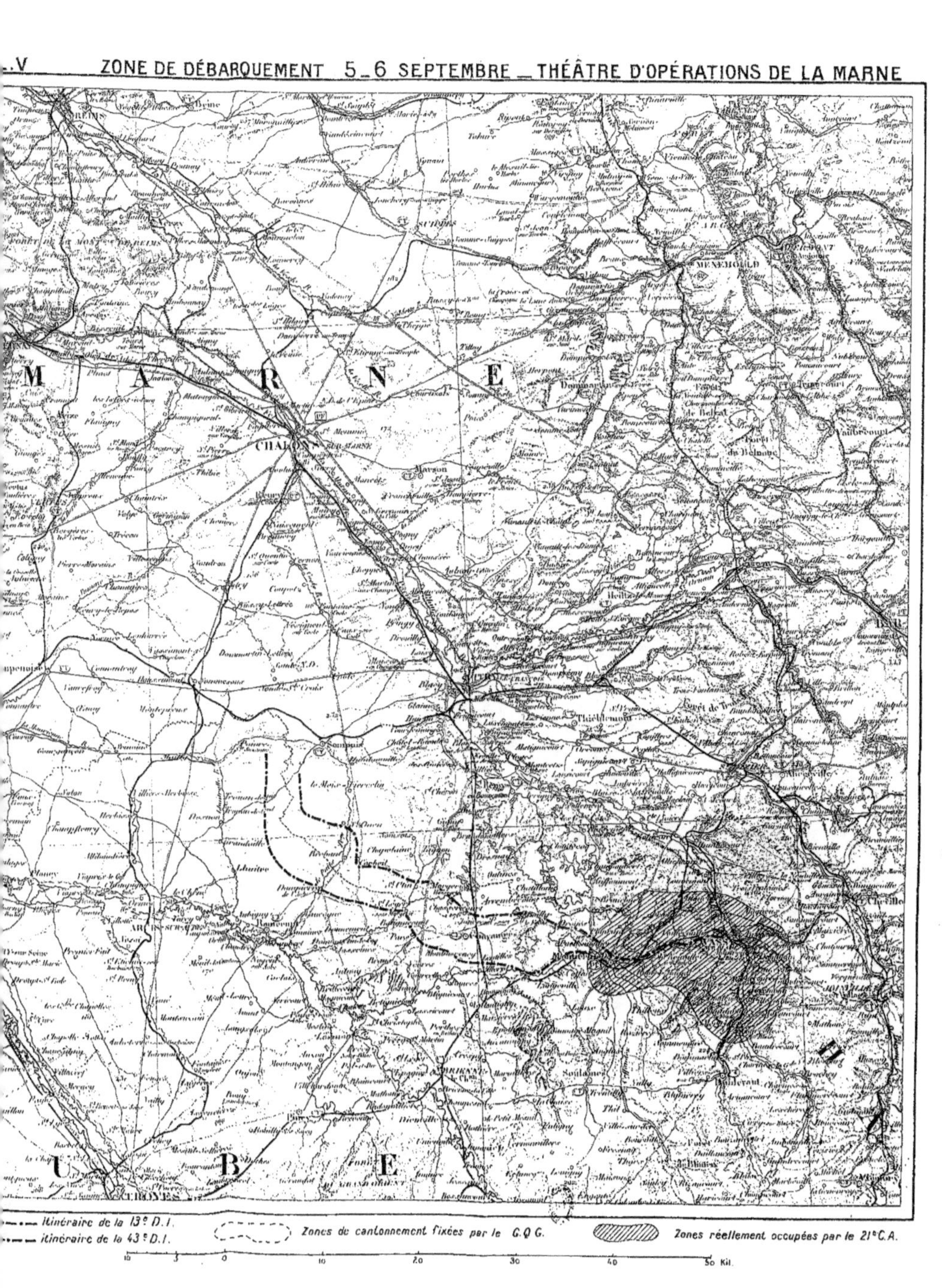

.... Itinéraire de la 13° D.I.   Zones de cantonnement fixées par le G.Q.G.   Zones réellement occupées par le 21°C.A.
.... Itinéraire de la 43° D.I.

10   5   0   10   20   30   40   50 Kil.

TERRAIN DES OPÉRATIONS DES 8_9_10 SEPTEMBRE 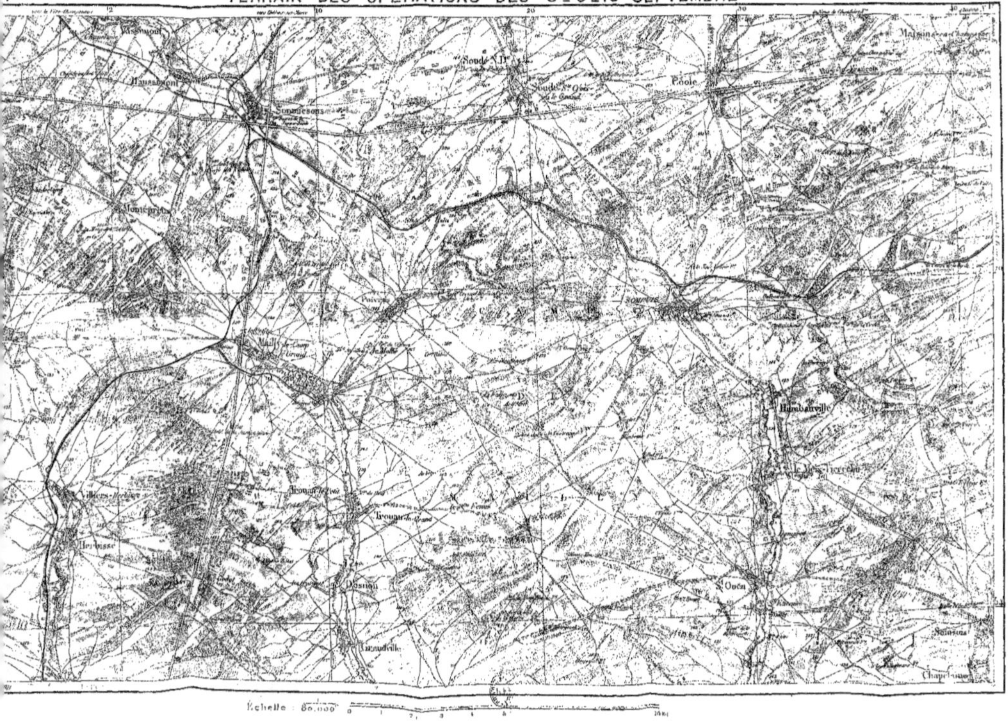
Échelle : 80.000